Dulces Delicias

Un Viaje Culinario al Mundo de los Pasteles

Lucía Rodríguez

INDICE

Pastel de goteo campesino 11
Pan de jengibre americano con salsa de limón 12
Pan de jengibre con café 14
Pastel de crema de jengibre 15
Pastel de jengibre de Liverpool 16
Pan de jengibre con avena 17
pan de jengibre pegajoso 19
Pan de jengibre integral 20
Pastel De Miel Y Almendras 21
pastel de helado de limón 22
anillo de té helado 23
pastel de masa quebrada 25
Pastel de mantequilla de semillas de comino 26
Pastel veteado 27
Pastel de capas de Lincolnshire 28
Pastel De Pan 29
pastel de mermelada 30
pastel de semilla de amapola 31
tarta de yogur natural 32
Tarta de ciruelas y natillas 33
Tarta ondulada de frambuesa con glaseado de chocolate 35
pastel de arena 36
pastel de semillas 37
donut especiado 38

Pastel de capas picante	39
Pastel De Azúcar Y Canela	40
Pastel de té victoriano	41
Tarta de frutas todo en uno	42
Tarta de frutas todo en uno	43
pastel de frutas australiano	44
Rica tarta americana	45
Pastel de algarroba	47
Tarta de café con fruta	48
Pastel pesado de Cornualles	50
Pastel De Grosellas	51
pastel de frutas negras	52
cortar y devolver el pastel	54
Pastel de Dundee	55
Pastel de frutas sin huevo durante la noche	56
pastel de frutas infalible	57
Pastel de frutas con jengibre	59
Pastel de frutas con miel silvestre	60
pastel genovés	61
pastel de frutas helado	63
Tarta de frutas Guinness	64
Pasteles de carne picada	65
Pastel de frutas con avena y albaricoque	66
pastel de frutas durante la noche	67
pastel de pasas y especias	68
pastel de richmond	69
Pastel de azafrán	70

Pastel de frutas firme 71

pastel de frutas rápido 72

pastel de frutas con té caliente 73

Pastel de frutas con té helado 74

Tarta de frutas sin azúcar 75

pequeños pasteles de frutas 76

pastel de vinagre de frutas 77

Pastel de whisky Virginia 78

Tarta de frutas galesa 79

pastel de frutas blancas 80

Tarta de manzana 81

Tarta de manzana especiada con cobertura crujiente 82

tarta de manzana americana 83

Tarta de manzana 84

pastel de sidra de manzana 85

Tarta de manzana y canela 86

tarta de manzana española 87

Tarta de manzana y pasas 89

tarta de manzana al revés 90

Pastel de pan de albaricoque 91

Tarta de albaricoque y jengibre 92

Pastel de albaricoque borracho 93

pastel de plátano 94

Tarta de plátano con cobertura crujiente 95

bizcocho de plátano 96

Tarta de plátano rica en fibra 97

Tarta de plátano y limón 98

Pastel De Chocolate Con Licuadora De Plátano 99
Pastel de plátano y maní 100
Tarta de plátano y pasas todo en uno 101
Pastel de whisky y plátano 102
pastel de arándanos 103
pastel de guijarros de cereza 104
pastel de coco y cereza 105
Pastel Sultana Con Cerezas 106
Tarta helada de cerezas y nueces 107
ciruelas pastel de ciruelas 108
Tarta de dátiles y nueces 109
Pastel de limón 110
Pastel de naranja y almendra 111
pastel de pan de avena 112
Pastel de mandarina fuertemente glaseado 113
pastel de naranja 114
pastel de ángel 115
sándwich de mora 116
Pastel De Mantequilla Dorada 117
Esponja de café todo en uno 118
pastel checo 119
pastel de miel sencillo 120
Bizcocho de limón todo en uno 121
Pastel de limón 122
Pastel de limón 123
pastel de limón y vainilla 124
pastel de Madeira 125

pastel margarita	126
Pastel De Leche Caliente	127
pastel de leche	128
Esponja de moca todo en uno	129
tarta de moscatel	130
Esponja naranja todo en uno	131
pastel sencillo	132
pastel español	133
sándwich de victoria	134
pastel batido	135
Pastel de molino de viento	136
Rollo suizo	138
Rollo de manzana suizo	139
Rollo de castañas al brandy	141
Rollo suizo de chocolate	143
rollo de limon	144
Rollito de queso con limón y miel	146
Rollo de mermelada de lima	148
Rollito de fresa y limón	150
Rollo suizo de naranja y almendras	152
Rollito suizo de fresa espalda con espalda	155
Tarta de chocolate todo en uno	157
Pan de chocolate y banana	158
Tarta de chocolate y almendras	159
Tarta helada de chocolate y almendras	160
Pastel de ángel de chocolate	162
pastel de chocolate americano	164

Pastel De Manzana Y Chocolate	166
Pastel de brownie de chocolate	168
Pastel de chocolate amargo	170
Tarta de chocolate y almendras	171
Pastel De Crema De Chocolate	172
Tarta de chocolate con dátiles	173
Pastel de chocolate familiar	175
Pastel del diablo con glaseado de malvavisco	176
pastel de chocolate de ensueño	178
pastel de chocolate flotante	180
Tarta de avellanas y chocolate	181
Pastel de chocolate	183
Pastel de chocolate	185
pastel de chocolate italiano	187
Tarta helada de chocolate y avellanas	189
Tarta italiana de chocolate y crema de brandy	191
pastel de chocolate en capas	193
pasteles de chocolate suave	195
pastel de moca	196
Pastel de lodo	197
Pastel de barro Mississippi con base crujiente	198
Pastel De Chocolate Y Nueces	200
Rico pastel de chocolate	201
Tarta de chocolate, nueces y cerezas	203
Pastel de chocolate al ron	205
sándwich de chocolate	206
Tarta de algarrobas y nueces	207

tronco de algarroba 209
pastel de semillas de comino 211
pastel de arroz con almendras 212
pastel de cerveza 213
Tarta de cerveza y dátiles 215
pastel de Battenburg 216
pastel de budín de pan 218
pastel de suero de leche inglés 220

Pastel de goteo campesino

Hace un pastel de 18 cm/7 pulgadas

8 oz / 11/3 tazas de mezcla de frutos secos (mezcla para pastel de frutas)

3 oz/75 g/1/3 taza de grasa de res (manteca vegetal)

5 oz / 150 g / 2/3 taza de azúcar moreno suave

250 ml/8 fl oz/1 taza de agua

8 onzas/2 tazas/225 g de harina integral (integral)

5ml/1 cucharadita de levadura en polvo

2,5 ml/½ cucharadita de bicarbonato de sodio (bicarbonato de sodio)

5 ml/1 cucharadita de canela molida

Una pizca de nuez moscada rallada

Una pizca de clavo molido

Ponga a hervir la fruta, los jugos, el azúcar y el agua en una cacerola de fondo grueso y cocine a fuego lento durante 10 minutos. Dejar enfriar. Combine los demás ingredientes en un tazón, luego vierta la mezcla derretida y mezcle suavemente. Vierta en un molde para pastel de 18 cm/7 cm untado con mantequilla y forrado y hornee en un horno precalentado a 180 °C/350 °F/termostato 4 durante 1½ horas hasta que esté bien levantado y se levante de los lados del molde.

Pan de jengibre americano con salsa de limón

Hace un pastel de 20 cm/8 pulgadas

8 onzas/225 g/1 taza de azúcar en polvo (superfina)

2 oz/50 g/¼ taza de mantequilla o margarina, derretida

30 ml/2 cucharadas de melaza (melaza)

2 claras de huevo, ligeramente batidas

8 onzas/2 tazas/225 g de harina (para todo uso)

5 ml/1 cucharadita de bicarbonato de sodio (bicarbonato de sodio)

5 ml/1 cucharadita de canela molida

2,5 ml/½ cucharadita de clavo molido

1,5ml/¼ cucharadita de jengibre molido

una pizca de sal

250 ml/8 fl oz/1 taza de suero de leche

Para la salsa:

100 g/4 oz/½ taza de azúcar glas (superfina)

30 ml/2 cucharadas de harina de maíz (almidón de maíz)

una pizca de sal

Una pizca de nuez moscada rallada

250 ml/8 fl oz/1 taza de agua hirviendo

½ oz/15 g/1 cucharada de mantequilla o margarina

30 ml/2 cucharadas de jugo de limón

2,5 ml/½ cucharadita de ralladura de limón fina

Mezclar azúcar, mantequilla o margarina y melaza. Agrega las claras de huevo. Mezclar la harina, el bicarbonato de sodio, las especias y la sal. Alternativamente, agregue la mezcla de harina y el suero de leche a la mezcla de mantequilla y azúcar hasta que estén bien combinados. Vierta en un molde para pastel de 20 cm/8 pulgadas engrasado y enharinado y hornee en el horno precalentado a 200 °C/400 °F/termostato 6 durante 35 minutos hasta que al insertar un palillo en el centro, éste salga limpio. Deje enfriar en el molde durante 5 minutos antes de desmoldar sobre una rejilla para que termine de enfriarse. El bizcocho se puede servir frío o tibio.

Para hacer la salsa, combine el azúcar, la harina de maíz, la sal, la nuez moscada y el agua en una cacerola pequeña a fuego lento y revuelva hasta que estén bien combinados. Cocine a fuego lento, revolviendo, hasta que la mezcla esté espesa y pálida. Agregue la mantequilla o margarina y el jugo y la ralladura de limón y cocine hasta que se combinen. Vierta sobre pan de jengibre para servir.

Pan de jengibre con café

Hace un pastel de 20 cm/8 pulgadas

1¾ tazas/7 onzas/200 g de harina con levadura

10 ml/2 cucharaditas de jengibre molido

10 ml/2 cucharaditas de café en grano soluble

100 ml/4 fl oz/½ taza de agua caliente

100 g/4 oz/½ taza de mantequilla o margarina

¼ de taza/3 onzas/75 g de almíbar dorado (maíz claro)

2 oz / 50 g / ¼ taza de azúcar moreno suave

2 huevos batidos

Mezclar la harina y el jengibre. Disolver el café en el agua caliente. Derrita la margarina, el almíbar y el azúcar, luego agréguelos a los ingredientes secos. Mezclar café y huevos. Vierta en un molde para pastel de 20 cm engrasado y forrado y hornee en un horno precalentado a 180 °C/350 °F/termostato 4 durante 40 a 45 minutos hasta que haya subido y esté elástico al tacto.

Pastel de crema de jengibre

Hace un pastel de 20 cm/8 pulgadas

¾ taza/6 onzas/175 g de mantequilla o margarina, ablandada

5 oz / 150 g / 2/3 taza de azúcar moreno suave

3 huevos, ligeramente batidos

1½ tazas/6 onzas/175 g de harina con levadura

15 ml/1 cucharada de jengibre molido Para el relleno:

150 ml/¼ pt/2/3 taza de crema doble (espesa)

15 ml/1 cucharada de azúcar glas tamizada

5ml/1 cucharadita de jengibre molido

Batir la mantequilla o margarina y el azúcar hasta que esté suave y esponjosa. Agrega poco a poco los huevos, luego la harina y el jengibre y mezcla bien. Dividir en dos moldes de 8/20 cm untados con mantequilla y forrados y hornear en horno precalentado a 180°C/350°F/nivel de gas 4 durante 25 minutos hasta que esté bien leudado y elástico al tacto. Dejar enfriar.

Montar la nata con el azúcar y el jengibre hasta que esté firme y luego utilizarla para hacer un sándwich con los dulces.

Pastel de jengibre de Liverpool

Hace un pastel de 20 cm/8 pulgadas

100 g/4 oz/½ taza de mantequilla o margarina

100 g de azúcar demerara

30 ml/2 cucharadas de almíbar dorado (maíz claro)

8 onzas/2 tazas/225 g de harina (para todo uso)

2,5 ml/½ cucharadita de bicarbonato de sodio (bicarbonato de sodio)

10 ml/2 cucharaditas de jengibre molido

2 huevos batidos

225 g/8 oz/11/3 tazas de pasas (pasas doradas)

2 oz/50 g/½ taza de jengibre cristalizado (confitado), picado

Derretir la mantequilla o margarina con el azúcar y el almíbar a fuego lento. Retirar del fuego y agregar los ingredientes secos y el huevo y mezclar bien. Agrega las pasas y el jengibre. Vierta en un molde para pastel cuadrado de 20 cm/8 pulgadas untado con mantequilla y forrado y hornee en un horno precalentado a 150 °C/300 °F/nivel de gas 3 durante 1½ horas, hasta que esté elástico al tacto. Es posible que el bizcocho se hunda un poco en el centro. Dejar enfriar en el molde.

Pan de jengibre con avena

Hace un pastel de 14 x 9 pulgadas/35 x 23 cm

8 onzas/2 tazas/225 g de harina integral (integral)

3 oz/75 g/¾ taza de copos de avena

5 ml/1 cucharadita de bicarbonato de sodio (bicarbonato de sodio)

5ml/1 cucharadita de crémor tártaro

15 ml/1 cucharada de jengibre molido

8 oz/225 g/1 taza de mantequilla o margarina

8 oz/225 g/1 taza de azúcar moreno suave

Mezcla en un bol la harina, la avena, el bicarbonato de sodio, el crémor tártaro y el jengibre. Frote con mantequilla o margarina hasta que la mezcla parezca pan rallado. Agrega el azúcar. Presione firmemente la mezcla en un molde para pastel (molde para hornear) engrasado de 35 x 23 cm/14 x 9 pulgadas y hornee en un horno precalentado a 160°C/325°F/nivel de gas 3 durante 30 minutos hasta que cuaje. Cortar en cuadritos aún caliente y dejar enfriar completamente en la sartén.

pan de jengibre de naranja

Hace un pastel de 23 cm/9 pulgadas

450 g/1 lb/4 tazas de harina común (para todo uso).

5 ml/1 cucharadita de canela molida

2,5ml/½ cucharadita de jengibre molido

2,5 ml/½ cucharadita de bicarbonato de sodio (bicarbonato de sodio)

6 oz/175 g/2/3 taza de mantequilla o margarina

6 oz/175 g/2/3 taza de azúcar en polvo (superfina).

3 onzas / 75 g / ½ taza de cáscara de naranja glacé (confitada), picada

Ralladura y jugo de ½ naranja grande

6 oz/175 g/½ taza de almíbar dorado (maíz claro), caliente

2 huevos, ligeramente batidos

un poco de leche

Mezcle la harina, las especias y el bicarbonato de sodio, luego frote con mantequilla o margarina hasta que la mezcla parezca pan rallado. Agrega el azúcar, la ralladura de naranja y la ralladura, luego haz un hueco en el centro. Mezclar el jugo de naranja y el almíbar caliente, luego batir los huevos hasta que quede suave, agregando un poco de leche si es necesario. Batir bien, luego verter la mezcla en un molde para pastel cuadrado engrasado de 23 cm/9 pulgadas y hornear en un horno precalentado a 160 °C/325 °F/nivel de gas 3 durante 1 hora hasta que esté bien leudado y elástico.

pan de jengibre pegajoso

Hace una tarta de 10/25 cm.

10 onzas/275 g/2½ tazas de harina común (para todo uso).

10 ml/2 cucharaditas de canela molida

5 ml/1 cucharadita de bicarbonato de sodio (bicarbonato de sodio)

100 g/4 oz/½ taza de mantequilla o margarina

6 oz/175 g/½ taza de almíbar dorado (maíz claro)

6 oz/175 g/½ taza de melaza (melaza)

100 g/4 oz/½ taza de azúcar moreno suave

2 huevos batidos

150 ml/¼ pt/2/3 taza de agua caliente

Mezcla la harina, la canela y el bicarbonato de sodio. Derretir la mantequilla o margarina con el almíbar, la melaza y el azúcar y verter sobre los ingredientes secos. Agrega los huevos y el agua y mezcla bien. Vierta en un molde para pasteles cuadrado de 10/25 cm untado con mantequilla y forrado. Hornee en horno precalentado a 180°C/350°F/nivel de gas 4 durante 40-45 minutos hasta que haya subido bien y esté elástico al tacto.

Pan de jengibre integral

Hace un pastel de 18 cm/7 pulgadas

1 taza/4 onzas/100 g de harina común (para todo uso).

4 onzas/100 g/1 taza de harina integral (integral)

2 oz / 50 g / ¼ taza de azúcar moreno suave

50 g/2 oz/1/3 taza de pasas pasas (pasas doradas)

10 ml/2 cucharaditas de jengibre molido

5 ml/1 cucharadita de canela molida

5 ml/1 cucharadita de bicarbonato de sodio (bicarbonato de sodio)

una pizca de sal

100 g/4 oz/½ taza de mantequilla o margarina

30 ml/2 cucharadas de almíbar dorado (maíz claro)

30 ml/2 cucharadas de melaza (melaza)

1 huevo, ligeramente batido

150 ml/¼ pt/2/3 taza de leche

Mezclar los ingredientes secos. Derretir la mantequilla o margarina con el almíbar y la melaza y mezclar con los ingredientes secos con el huevo y la leche. Vierta en un molde para pastel de 18 cm/7 cm untado con mantequilla y forrado y hornee en un horno precalentado a 160 °C/325 °F/termostato 3 durante 1 hora hasta que esté elástico al tacto.

Pastel De Miel Y Almendras

Hace un pastel de 20 cm/8 pulgadas

250 g de zanahorias ralladas

65 g de almendras finamente picadas

2 huevos

100 g/4 oz/1/3 taza de miel ligera

60ml/4 cucharadas de aceite

150 ml/¼ pt/2/3 taza de leche

4 onzas/100 g/1 taza de harina integral (integral)

¼ de taza/1 oz/25 g de harina común (para todo uso).

10 ml/2 cucharaditas de canela molida

2,5 ml/½ cucharadita de bicarbonato de sodio (bicarbonato de sodio)

una pizca de sal

glaseado de limon

Unas cuantas almendras en rodajas (laminadas) para decorar

Mezclar zanahorias y nueces. Batir los huevos en un recipiente aparte y luego mezclarlos con la miel, el aceite y la leche. Agrega las zanahorias y las nueces, luego agrega los ingredientes secos. Vierta en un molde para pastel de 20 cm/8 cm untado con mantequilla y forrado y hornee en un horno precalentado a 150 °C/300 °F/termostato 2 durante 1 a 1¼ horas hasta que esté bien levado y elástico al tacto. Dejar enfriar en el molde antes de desmoldar. Espolvorea con el glaseado de limón y decora con las almendras fileteadas.

pastel de helado de limón

Hace un pastel de 18 cm/7 pulgadas

100 g/4 oz/½ taza de mantequilla o margarina, ablandada

100 g/4 oz/½ taza de azúcar glas (superfina)

2 huevos

1 taza/4 onzas/100 g de harina común (para todo uso).

2 oz/50 g/½ taza de arroz molido

2,5 ml/½ cucharadita de levadura en polvo

ralladura y jugo de 1 limón

4 oz/100 g/2/3 taza de azúcar glass (en polvo), tamizada

Batir la mantequilla o margarina y el azúcar hasta que esté suave y esponjosa. Agrega los huevos uno a la vez, batiendo bien después de cada adición. Combina la harina, el arroz molido, la levadura y la ralladura de limón, luego incorpora a la mezcla. Vierta en un molde para pastel de 18 cm/7 cm untado con mantequilla y forrado y hornee en un horno precalentado a 180 °C/350 °F/termostato 4 durante 1 hora hasta que esté elástico al tacto. Retirar del molde y dejar enfriar.

Mezclar el azúcar glas con un poco de jugo de limón hasta que quede suave. Untar sobre el bizcocho y dejar reposar.

anillo de té helado

Para 4-6 porciones

150ml/¼ pt/2/3 taza de leche tibia

2,5ml/½ cucharadita de levadura seca

1 oz/25 g/2 cucharadas de azúcar en polvo (superfina).

1 oz/25 g/2 cucharadas de mantequilla o margarina

8 onzas/2 tazas/225 g de harina común fuerte (pan)

1 huevo batido Para el relleno:

2 oz/50 g/¼ taza de mantequilla o margarina, ablandada

2 oz/50 g/¼ taza de almendras picadas

2 oz / 50 g / ¼ taza de azúcar moreno suave

Para cobertura:
4 oz/100 g/2/3 taza de azúcar glass (en polvo), tamizada

15 ml/1 cucharada de agua tibia

30 ml/2 cucharadas de almendras laminadas (en rodajas)

Vierte la leche sobre la levadura y el azúcar y mezcla. Dejar en un lugar cálido hasta que esté espumoso. Frote la mantequilla o margarina con la harina. Agrega la mezcla de levadura y el huevo y bate bien. Cubrir el recipiente con film transparente engrasado (film transparente) y dejar en un lugar cálido durante 1 hora. Amasar nuevamente y luego darle forma de rectángulo de aproximadamente 30 x 23 cm/12 x 9 pulgadas. Untar la masa con mantequilla o margarina para el relleno y espolvorear con almendras picadas y azúcar. Forma una salchicha larga y forma un aro, sellando los bordes con un poco de agua. Corte dos tercios del rollo a intervalos de aproximadamente 1½/3 cm y colóquelos en una bandeja para hornear (galletas) engrasada. Dejar en un lugar cálido durante 20 minutos. Hornee en horno precalentado a 200°C/425°F/gas 7 durante 15 minutos.

Mientras tanto, mezcle el azúcar glas y el agua para hacer un glaseado. Cuando esté frío esparcirlo sobre el bizcocho y decorar con almendras fileteadas.

pastel de masa quebrada

Rinde un pastel de 23 x 18 cm/9 x 7 pulgadas

½ oz/15 g de levadura fresca o 4 cucharaditas/20 ml de levadura seca

5 ml/1 cucharadita de azúcar glas (superfino).

300 ml/½ pt/1¼ tazas de agua caliente

5 oz/150 g/2/3 tazas de manteca vegetal (manteca vegetal)

450 g/1 lb/4 tazas de harina fuerte (pan).

una pizca de sal

100 g/4 onzas/2/3 tazas de pasas (pasas doradas)

100 g/4 oz/2/3 taza de miel ligera

Mezclar la levadura con el azúcar y un poco de agua tibia y dejar en un lugar cálido durante 20 minutos hasta que la mezcla esté espumosa.

Frote 25 g/1 oz/2 cucharadas de manteca de cerdo con la harina y la sal y haga un hueco en el centro. Vierte la mezcla de levadura y el agua tibia restante y mezcla hasta obtener una masa firme. Amasar hasta que esté suave y elástica. Colocar en un bol engrasado, cubrir con film transparente engrasado (film transparente) y dejar en un lugar cálido durante aproximadamente 1 hora hasta que duplique su volumen.

Corta la mantequilla restante en dados. Amasar la masa nuevamente y luego extenderla formando un rectángulo de aproximadamente 35 x 23 cm/14 x 9 pulgadas. Cubrir los dos tercios superiores de la masa con un tercio de manteca de cerdo, un tercio de pasas y un cuarto de miel. Dobla el tercio normal de la masa sobre el relleno y luego dobla el tercio superior sobre él. Presione los bordes para sellar, luego gire la masa un cuarto para que el pliegue quede hacia su izquierda. Estirar y repetir el proceso dos veces más para agotar toda la mantequilla y las pasas. Colóquelo en una bandeja para hornear engrasada y marque un patrón entrecruzado en la parte superior con un cuchillo. Tapar y dejar en un lugar cálido durante 40 minutos.

Hornee en horno precalentado a 220 °C/425 °F/termostato de gas 7 durante 40 minutos. Espolvorea la parte superior con la miel restante y luego deja enfriar.

Pastel de mantequilla de semillas de comino

Rinde un pastel de 23 x 18 cm/9 x 7 pulgadas

450 g de masa básica de pan blanco

¾ taza/6 onzas/175 g de manteca vegetal (manteca vegetal), cortada en trozos

6 oz/175 g/¾ taza de azúcar en polvo (superfina)

15 ml/1 cucharada de semillas de comino

Haga la masa, luego extiéndala sobre una superficie ligeramente enharinada hasta formar un rectángulo de aproximadamente 35 x 23 cm/14 x 9 pulgadas. Coloque la mitad de la manteca y la mitad del azúcar en los dos tercios superiores de la masa, luego doble un tercio de la masa y doble el tercio superior sobre ese. Girar la masa un cuarto para que el pliegue quede hacia la izquierda, luego extender nuevamente y espolvorear el resto de grasa, azúcar y semillas de alcaravea de la misma forma. Doble nuevamente, luego déle forma para que quepa en una fuente para hornear (bandeja para hornear) y marque la parte superior en forma de diamante. Cubrir con papel de aluminio engrasado (film transparente) y dejar en un lugar cálido durante unos 30 minutos hasta que duplique su tamaño.

Hornee en horno precalentado a 200 °C/400 °F/termostato de gas 6 durante 1 hora. Dejar enfriar en el molde durante 15 minutos para que la grasa penetre en la mezcla, luego desmoldar sobre una rejilla para que se enfríe por completo.

Pastel veteado

Hace un pastel de 20 cm/8 pulgadas

¾ taza/6 onzas/175 g de mantequilla o margarina, ablandada

6 oz/175 g/¾ taza de azúcar en polvo (superfina)

3 huevos, ligeramente batidos

8 oz/225 g/2 tazas de harina con levadura

Unas gotas de esencia de almendras (extracto)

Unas gotas de colorante verde

Unas gotas de colorante rojo.

Batir la mantequilla o margarina y el azúcar hasta que esté suave y esponjosa. Batir poco a poco los huevos y luego añadir la harina. Divide la mezcla en tres. Agregue esencia de almendras a un tercio, colorante verde a un tercio y colorante rojo al tercio restante. Vierta cucharadas grandes de las tres mezclas alternativamente en un molde para pastel de 20 cm engrasado y forrado y hornee en un horno precalentado a 180°C/350°F/nivel de gas 4 durante 45 minutos hasta que suba y esté elástico al tacto.

Pastel de capas de Lincolnshire

Hace un pastel de 20 cm/8 pulgadas

6 onzas/175 g/¾ taza de mantequilla o margarina

12 oz/350 g/3 tazas de harina común (para todo uso).

una pizca de sal

150 ml/¼ pt/2/3 taza de leche

15 ml/1 cucharada de levadura seca Para el relleno:

225 g/8 oz/11/3 tazas de pasas (pasas doradas)

8 oz/225 g/1 taza de azúcar moreno suave

1 oz/25 g/2 cucharadas de mantequilla o margarina

2,5 ml/½ cucharadita de pimienta de Jamaica molida

1 huevo, separado

Frote la mitad de la mantequilla o margarina con la harina y la sal hasta que la mezcla parezca pan rallado. Calienta el resto de la mantequilla o margarina con la leche hasta que esté tibia, luego mezcla un poco hasta tener una masa de levadura. Agrega la mezcla de levadura y el resto de la leche y la mantequilla a la mezcla de harina y amasa hasta que quede suave. Colocar en un bol engrasado, tapar y dejar en un lugar cálido durante aproximadamente 1 hora hasta que duplique su tamaño. Mientras tanto, coloca todos los ingredientes del relleno menos la clara en una sartén a fuego lento y deja que se derritan.

Estirar un cuarto de la masa formando un círculo de 8/20 cm y untar con un tercio del relleno. Repita con la cantidad restante de masa y relleno, cubriendo con un círculo de masa. Pincelar los bordes con clara de huevo y sellar. Hornee en horno precalentado a 190 °C/375 °F/termostato de gas 5 durante 20 minutos. Cepille la parte superior con clara de huevo, luego regrese al horno por otros 30 minutos hasta que se doren.

Pastel De Pan

Rinde un pastel de 900 g/2 lb

¾ taza/6 onzas/175 g de mantequilla o margarina, ablandada

10 onzas/275 g/1¼ tazas de azúcar en polvo (superfina)

Ralladura y jugo de ½ limón

120 ml/4 fl oz/½ taza de leche

2¼ tazas/10 onzas/275 g de harina con levadura

5ml/1 cucharadita de sal

5ml/1 cucharadita de levadura en polvo

3 huevos

Azúcar en polvo (en polvo), tamizada, para espolvorear

Batir la mantequilla o margarina, el azúcar y la ralladura de limón hasta que esté suave y esponjoso. Agregue el jugo de limón y la leche, luego mezcle la harina, la sal y el polvo para hornear y mezcle hasta que quede suave. Agrega poco a poco los huevos, batiendo bien después de cada adición. Vierta la mezcla en un molde para pan de 900 g/2 lb engrasado y forrado y hornee en un horno precalentado a 150 °F/300 °F/nivel de gas 2 durante 1 ¼ horas hasta que esté elástico al tacto. Dejar enfriar en el molde durante 10 minutos antes de desmoldar para terminar de enfriar sobre una rejilla. Servir espolvoreado con azúcar glas.

pastel de mermelada

Hace un pastel de 18 cm/7 pulgadas

¾ taza/6 onzas/175 g de mantequilla o margarina, ablandada

6 oz/175 g/¾ taza de azúcar en polvo (superfina)

3 huevos, separados

10 oz/300 g/2½ tazas de harina con levadura

45 ml/3 cucharadas de mermelada espesa

1/3 taza/2 oz/50 g de cáscaras picadas mixtas (confitadas).

ralladura de 1 naranja

45ml/3 cucharadas de agua

                        Para el glaseado (glaseado):
4 oz/100 g/2/3 taza de azúcar glass (en polvo), tamizada

jugo de 1 naranja

Unas rodajas de naranja confitada (confitada)

Batir la mantequilla o margarina y el azúcar hasta que esté suave y esponjosa. Añade poco a poco las yemas de huevo y luego 15 ml/1 cucharada de harina. Agrega la mermelada, la ralladura mixta, la ralladura de naranja y el agua, luego agrega la harina restante. Batir las claras a punto de nieve y luego incorporarlas a la mezcla con una cuchara de metal. Vierta en un molde para pastel de 7/18 cm engrasado y forrado y hornee en un horno precalentado a 180°C/350°F/nivel de gas 4 durante 1 ¼ horas hasta que suba y esté elástico al tacto. Deje enfriar en el molde durante 5 minutos, luego colóquelo sobre una rejilla para terminar de enfriar.

Para hacer el glaseado, coloca el azúcar glas en un bol y haz un hueco en el centro. Agrega poco a poco suficiente jugo de naranja para darle una consistencia untable. Vierta sobre el pastel y por los lados y deje reposar. Decora con rodajas de naranja cristalizada.

pastel de semilla de amapola

Hace un pastel de 20 cm/8 pulgadas

250 ml/8 fl oz/1 taza de leche

100 g/4 oz/1 taza de semillas de amapola

8 onzas/225 g/1 taza de mantequilla o margarina, ablandada

8 oz/225 g/1 taza de azúcar moreno suave

3 huevos, separados

1 taza/4 onzas/100 g de harina común (para todo uso).

4 onzas/100 g/1 taza de harina integral (integral)

5ml/1 cucharadita de levadura en polvo

Llevar a ebullición la leche con las semillas de amapola en un cazo, luego retirar del fuego, tapar y dejar en remojo durante 30 minutos. Batir la mantequilla o margarina y el azúcar hasta que esté suave y esponjoso. Agrega poco a poco las yemas de huevo, luego agrega las harinas y la levadura. Agrega las semillas de amapola y la leche. Batir las claras a punto de nieve y luego incorporarlas a la mezcla con una cuchara de metal. Vierta en un molde para pastel de 20 cm/8 pulgadas untado con mantequilla y forrado y hornee en un horno precalentado a 180 °C/350 °F/termostato 4 durante 1 hora hasta que al insertar un palillo en el centro, éste salga limpio. Dejar enfriar en el molde durante 10 minutos antes de desmoldar para terminar de enfriar sobre una rejilla.

tarta de yogur natural

Hace un pastel de 23 cm/9 pulgadas

5 onzas/150 g de yogur natural

150 ml/¼ st/2/3 taza de aceite

8 onzas/225 g/1 taza de azúcar en polvo (superfina)

8 oz/225 g/2 tazas de harina con levadura

10 ml/2 cucharaditas de levadura en polvo

2 huevos batidos

Mezcle todos los ingredientes hasta que quede suave y luego vierta en un molde para pastel de 23 cm engrasado y forrado. Hornee en horno precalentado a 160°C/325°F/nivel de gas 3 durante 1 ¼ horas hasta que esté elástico al tacto. Dejar enfriar en el molde.

Tarta de ciruelas y natillas

Hace un pastel de 23 cm/9 pulgadas

Para el relleno:

5 oz/150 g/2/3 taza de ciruelas sin hueso (sin hueso), picadas en trozos grandes

120 ml/4 fl oz/½ taza de jugo de naranja

2 oz/50 g/¼ taza de azúcar en polvo (superfina)

30 ml/2 cucharadas de harina de maíz (almidón de maíz)

175 ml/6 fl oz/¾ taza de leche

2 yemas de huevo

Ralladura fina de 1 naranja

Para el pastel:

¾ taza/6 onzas/175 g de mantequilla o margarina, ablandada

8 onzas/225 g/1 taza de azúcar en polvo (superfina)

3 huevos, ligeramente batidos

1¾ tazas/7 onzas/200 g de harina común (para todo uso).

10 ml/2 cucharaditas de levadura en polvo

2,5ml/½ cucharadita de nuez moscada rallada

75 ml/5 cucharadas de zumo de naranja

Primero prepara el relleno. Remojar las ciruelas en jugo de naranja durante al menos dos horas.

Mezclar el azúcar y la maicena hasta formar una pasta con un poco de leche. Llevar a ebullición el resto de la leche en una cacerola. Vierta sobre el azúcar y la harina de maíz y mezcle bien, luego regrese a la sartén enjuagada y agregue las yemas de huevo. Agrega la ralladura de naranja y revuelve a fuego muy lento hasta que espese, pero no dejes que la crema hierva. Coloque la sartén en un recipiente con agua fría y revuelva las natillas de vez en cuando mientras se enfría.

Para hacer el pastel, combine la mantequilla o margarina y el azúcar hasta que quede suave y esponjoso. Agrega poco a poco los huevos, luego agrega la harina, la levadura en polvo y la nuez moscada alternando con el jugo de naranja. Vierta la mitad de la mezcla en un molde para pastel engrasado de 23 cm y luego extienda la crema por encima, dejando espacio alrededor del borde. Vierta las ciruelas y el jugo de remojo sobre las natillas, luego cubra con la masa restante, asegurándose de que la masa se adhiera al relleno por los lados y que el relleno quede completamente cubierto. Hornear en horno precalentado a 200°C/400°F/nivel de gas 6 durante 35 minutos, hasta que se doren y los lados del molde se hayan endurecido. Dejar enfriar en el molde antes de desmoldar.

Tarta ondulada de frambuesa con glaseado de chocolate

Hace un pastel de 20 cm/8 pulgadas

¾ taza/6 onzas/175 g de mantequilla o margarina, ablandada

6 oz/175 g/¾ taza de azúcar en polvo (superfina)

3 huevos, ligeramente batidos

8 oz/225 g/2 tazas de harina con levadura

100 g de frambuesas Para el glaseado y decoración:

Glaseado de crema de mantequilla de chocolate blanco

4 oz/100 g/1 taza de chocolate amargo (semidulce).

Batir la mantequilla o margarina y el azúcar hasta que esté suave y esponjosa. Batir poco a poco los huevos y luego añadir la harina. Licua las frambuesas y luego pásalas por un colador para quitarles las semillas. Agrega el puré a la mezcla del pastel, solo para que se pegue a la mezcla y no se mezcle. Vierta en un molde para pastel de 20 cm/8 pulgadas engrasado y forrado y hornee en un horno precalentado a 180 °C/350 °F/termostato 4 durante 45 minutos hasta que suba y esté elástico al tacto. Transfiera a una rejilla para que se enfríe.

Extienda el glaseado de crema de mantequilla sobre el pastel y raspe la parte superior con un tenedor. Derrita el chocolate en un recipiente resistente al calor colocado sobre una cacerola con agua hirviendo. Extienda las galletas en una bandeja para horno y déjelas casi solidificarse. Pasa el lado plano de un cuchillo afilado sobre el chocolate para formar rizos. Úselo para decorar la parte superior del pastel.

pastel de arena

Hace un pastel de 20 cm/8 pulgadas

3 oz/75 g/1/3 taza de mantequilla o margarina, ablandada

3 onzas/75 g/1/3 taza de azúcar en polvo (superfina)

2 huevos, ligeramente batidos

4 oz/100 g/1 taza de harina de maíz (almidón de maíz)

¼ de taza/1 oz/25 g de harina común (para todo uso).

5ml/1 cucharadita de levadura en polvo

2 oz/50 g/½ taza de nueces mixtas picadas

Batir la mantequilla o margarina y el azúcar hasta que esté suave y esponjosa. Agregue gradualmente los huevos, luego mezcle la harina de maíz, la harina y el polvo para hornear. Vierte la mezcla en un molde para pasteles cuadrado de 20 cm engrasado y espolvorea con las nueces picadas. Hornee en un horno precalentado a 180 °C/350 °F/termostato de gas 4 durante 1 hora hasta que esté elástico al tacto.

pastel de semillas

Hace un pastel de 18 cm/7 pulgadas

100 g/4 oz/½ taza de mantequilla o margarina, ablandada

100 g/4 oz/½ taza de azúcar glas (superfina)

2 huevos, ligeramente batidos

8 onzas/2 tazas/225 g de harina (para todo uso)

1 oz/25 g/¼ taza de semillas de comino

5ml/1 cucharadita de levadura en polvo

una pizca de sal

45 ml/3 cucharadas de leche

Batir la mantequilla o margarina y el azúcar hasta que esté suave y esponjosa. Agrega poco a poco los huevos, luego agrega la harina, las semillas de alcaravea, la levadura en polvo y la sal. Mezcla suficiente leche para obtener una consistencia líquida. Vierta en un molde para pastel de 18 cm/7 cm untado con mantequilla y forrado y hornee en un horno precalentado a 200 °C/400 °F/nivel de gas 6 durante 1 hora hasta que esté elástico al tacto y comience a encogerse por los lados. de la lata

donut especiado

Hace un anillo de 23 cm/9 pulgadas

1 manzana, pelada, sin corazón y rallada

30 ml/2 cucharadas de jugo de limón

8 oz / 25 g / 1 taza de azúcar moreno suave

5ml/1 cucharadita de jengibre molido

5 ml/1 cucharadita de canela molida

2,5 ml/½ cucharadita de especias mixtas molidas (tarta de manzana)

8 oz/225 g/2/3 taza de almíbar dorado (maíz claro)

250 ml/8 fl oz/1 taza de aceite

10 ml/2 cucharaditas de levadura en polvo

14 oz/400 g/3½ tazas de harina común (para todo uso).

10 ml/2 cucharaditas de bicarbonato de sodio (bicarbonato de sodio)

250 ml/8 fl oz/1 taza de té fuerte y caliente

1 huevo batido

Azúcar en polvo (en polvo), tamizada, para espolvorear

Mezclar jugo de manzana y limón. Agrega el azúcar y las especias, luego el almíbar y el aceite. Agrega la levadura a la harina y el bicarbonato al té caliente. Incorpora estos alternativamente a la mezcla y luego incorpora el huevo. Vierta en un molde para pastel de 23 cm/9 pulgadas de profundidad engrasado y forrado y hornee en un horno precalentado a 180 °C/350 °F/nivel de gas 4 durante 1 hora hasta que esté elástico al tacto. Deje enfriar en el molde durante 10 minutos, luego colóquelo sobre una rejilla para terminar de enfriar. Servir espolvoreado con azúcar glas.

Pastel de capas picante

Hace un pastel de 23 cm/9 pulgadas

100 g/4 oz/½ taza de mantequilla o margarina, ablandada

100 g de azúcar granulada

100 g/4 oz/½ taza de azúcar moreno suave

2 huevos batidos

1½ tazas/6 onzas/175 g de harina (para todo uso)

5ml/1 cucharadita de levadura en polvo

5 ml/1 cucharadita de canela molida

2,5 ml/½ cucharadita de bicarbonato de sodio (bicarbonato de sodio)

2,5 ml/½ cucharadita de especias mixtas molidas (tarta de manzana)

una pizca de sal

200 ml/7 fl oz/poco 1 taza de leche evaporada en lata

Glaseado de mantequilla de limón

Batir la mantequilla o margarina y el azúcar hasta que esté suave y esponjosa. Incorpora poco a poco los huevos, luego agrega los ingredientes secos y la leche evaporada y mezcla hasta que quede suave. Divida en dos moldes para pastel de 9/23 cm engrasados y forrados y hornee en un horno precalentado a 180°C/350°F/nivel de gas 4 durante 30 minutos hasta que esté elástico al tacto. Deje enfriar y luego incorpórelo con el glaseado de mantequilla de limón.

Pastel De Azúcar Y Canela

Hace un pastel de 23 cm/9 pulgadas

1½ tazas/6 onzas/175 g de harina con levadura

10 ml/2 cucharaditas de levadura en polvo

una pizca de sal

6 oz/175 g/¾ taza de azúcar en polvo (superfina)

2 oz/50 g/¼ taza de mantequilla o margarina, derretida

1 huevo, ligeramente batido

120 ml/4 fl oz/½ taza de leche

2,5 ml/½ cucharadita de esencia de vainilla (extracto)

Para cobertura:
2 oz/50 g/¼ taza de mantequilla o margarina, derretida

2 oz / 50 g / ¼ taza de azúcar moreno suave

2,5 ml/½ cucharadita de canela molida

Batir todos los ingredientes del pastel hasta que queden suaves y bien combinados. Vierta en un molde para pastel engrasado de 23 cm/9 pulgadas y hornee en un horno precalentado a 180 °C/350 °F/termostato 4 durante 25 minutos hasta que se dore. Unte el hot cake con mantequilla. Mezclar el azúcar y la canela y espolvorear por encima. Vuelve a meter el bizcocho en el horno durante otros 5 minutos.

Pastel de té victoriano

Hace un pastel de 20 cm/8 pulgadas

8 onzas/225 g/1 taza de mantequilla o margarina, ablandada

8 onzas/225 g/1 taza de azúcar en polvo (superfina)

8 oz/225 g/2 tazas de harina con levadura

¼ de taza/1 oz/25 g de harina de maíz (almidón de maíz)

30 ml/2 cucharadas de semillas de comino

5 huevos, separados

Azúcar granulada para espolvorear

Batir la mantequilla o margarina y el azúcar hasta que esté suave y esponjoso. Agrega la harina, la harina de maíz y las semillas de comino. Batir las yemas y luego incorporarlas a la mezcla. Batir las claras a punto de nieve y luego incorporarlas suavemente a la mezcla con una cuchara de metal. Vierta en un molde para pasteles de 20 cm untado con mantequilla y forrado y espolvoree con azúcar. Hornee en horno precalentado a 180°C/350°F/nivel de gas 4 durante 1½ horas hasta que se doren y comiencen a encogerse los lados del molde.

Tarta de frutas todo en uno

Hace un pastel de 20 cm/8 pulgadas

¾ taza/6 onzas/175 g de mantequilla o margarina, ablandada

6 oz / 175 g / ¾ taza de azúcar moreno suave

3 huevos

15ml/1 cucharada de almíbar dorado (maíz claro)

4 oz/100 g/½ taza de cerezas glaseadas (confitadas)

100 g/4 onzas/2/3 tazas de pasas (pasas doradas)

100 g/4 oz/2/3 tazas de pasas

8 oz/225 g/2 tazas de harina con levadura

10 ml/2 cucharaditas de especias mixtas molidas (tarta de manzana)

Coloque todos los ingredientes en un tazón y mezcle hasta que estén bien combinados, o mezcle en un procesador de alimentos. Vierta en un molde para pastel de 20 cm/8 pulgadas untado con mantequilla y forrado y hornee en un horno precalentado a 160 °C/325 °F/termostato 3 durante 1½ horas, hasta que al insertar un palillo en el centro, éste salga limpio. Dejar en el molde durante 5 minutos, luego desmoldar sobre una rejilla para que se enfríe por completo.

Tarta de frutas todo en uno

Hace un pastel de 20 cm/8 pulgadas

12 oz/350 g/2 tazas de mezcla de frutos secos (mezcla para pastel de frutas)

100 g/4 oz/½ taza de mantequilla o margarina

100 g/4 oz/½ taza de azúcar moreno suave

150 ml/¼ st/2/3 taza de agua

2 huevos grandes, batidos

8 oz/225 g/2 tazas de harina con levadura

5ml / 1 cucharadita de especias mixtas molidas (tarta de manzana)

Coloque la fruta, la mantequilla o margarina, el azúcar y el agua en una cacerola, lleve a ebullición y cocine a fuego lento durante 15 minutos. Dejar enfriar. Agrega cucharadas de huevos alternativamente con la harina y las especias mezcladas y mezcla bien. Vierta en un molde para pastel engrasado de 20 cm/8 pulgadas y hornee en un horno precalentado a 140 °C/275 °F/nivel de gas 1 durante 1-1½ horas hasta que al insertar un palillo en el centro, éste salga limpio.

pastel de frutas australiano

Rinde un pastel de 900 g/2 lb

100 g/4 oz/½ taza de mantequilla o margarina

8 oz/225 g/1 taza de azúcar moreno suave

250 ml/8 fl oz/1 taza de agua

12 oz/350 g/2 tazas de mezcla de frutos secos (mezcla para pastel de frutas)

5 ml/1 cucharadita de bicarbonato de sodio (bicarbonato de sodio)

10 ml/2 cucharaditas de especias mixtas molidas (tarta de manzana)

5ml/1 cucharadita de jengibre molido

4 oz/100 g/1 taza de harina con levadura

1 taza/4 onzas/100 g de harina común (para todo uso).

1 huevo batido

En un cazo poner a hervir todos los ingredientes menos las harinas y el huevo. Retirar del fuego y dejar enfriar. Mezclar las harinas y el huevo. Coloque la mezcla en un molde para pan de 900 g/2 lb engrasado y forrado y hornee en un horno precalentado a 160 °C/325 °F/nivel de gas 3 durante 1 hora hasta que esté bien levantado y con un palillo insertado en el centro hacia afuera. salir limpio

Rica tarta americana

Hace una tarta de 10/25 cm.

225 g/8 oz/11/3 tazas de grosellas

4 oz/100 g/1 taza de almendras blanqueadas

15 ml/1 cucharada de agua de azahar

45 ml/3 cucharadas de jerez seco

1 yema de huevo grande

2 huevos

12 oz/350 g/1½ taza de mantequilla o margarina, ablandada

6 oz/175 g/¾ taza de azúcar en polvo (superfina)

Una pizca de maza molida

Una pizca de canela molida

Una pizca de clavo molido

Una pizca de jengibre molido

Una pizca de nuez moscada rallada

30ml/2 cucharadas de brandy

8 onzas/2 tazas/225 g de harina (para todo uso)

2 oz / 50 g / ½ taza de ralladura mixta (confitada) picada

Remojar las grosellas en agua caliente durante 15 minutos y luego escurrirlas bien. Picar finamente las almendras con el agua de azahar y 15ml/1 cucharada de jerez. Batir la yema y los huevos. Batir la mantequilla o margarina y el azúcar, luego agregar la mezcla de almendras y los huevos y batir hasta que quede espeso y blanco. Agrega las especias, el jerez restante y el brandy. Agregue la harina, luego mezcle las grosellas y la ralladura mixta. Vierta en un molde para pastel engrasado de 25 cm/10 cm y hornee en un horno precalentado a 180 °C/350 °F/termostato 4 durante aproximadamente 1 hora, hasta que al insertar un palillo en el centro, éste salga limpio.

Pastel de algarroba

Hace un pastel de 18 cm/7 pulgadas

1 libra/450 g/22/3 tazas de pasas

300 ml/½ pt/1¼ tazas de jugo de naranja

¾ taza/6 onzas/175 g de mantequilla o margarina, ablandada

3 huevos, ligeramente batidos

8 onzas/2 tazas/225 g de harina (para todo uso)

3 onzas/75 g/¾ taza de algarroba en polvo

10 ml/2 cucharaditas de levadura en polvo

ralladura de 2 naranjas

2 oz/50 g/½ taza de nueces picadas

Remoje las pasas en jugo de naranja durante la noche. Mezcle la mantequilla o margarina y los huevos hasta que quede suave. Incorpora poco a poco las pasas, el jugo de naranja y los demás ingredientes. Vierta en un molde para pastel de 18 cm/7" untado con mantequilla y forrado y hornee en un horno precalentado a 180°C/350°F/marca de gas 4 durante 30 minutos, luego reduzca la temperatura del horno a 160°C. / 325°F/gas marque 3 durante 1¼ horas más hasta que al insertar un palillo en el centro salga limpio. Deje enfriar en el molde durante 10 minutos antes de desmoldar sobre una rejilla para que se enfríe por completo.

Tarta de café con fruta

Hace una tarta de 10/25 cm.

450 g/1 libra/2 tazas de azúcar glas (superfina)

450 g/1 libra/2 tazas de dátiles sin hueso (sin hueso), picados

1 libra/450 g/22/3 tazas de pasas

450 g/22/3 tazas de pasas (pasas doradas)

4 oz/100 g/½ taza de cerezas glaseadas (confitadas), picadas

4 oz/100 g/1 taza de nueces mixtas picadas

450 ml/¾ pt/2 tazas de café negro fuerte

120 ml/4 fl oz/½ taza de aceite

100 g/4 oz/1/3 taza de almíbar dorado (maíz claro)

10 ml/2 cucharaditas de canela molida

5ml/1 cucharadita de nuez moscada rallada

una pizca de sal

10 ml/2 cucharaditas de bicarbonato de sodio (bicarbonato de sodio)

15 ml/1 cucharada de agua

2 huevos, ligeramente batidos

450 g/1 lb/4 tazas de harina común (para todo uso).

120 ml/4 fl oz/½ taza de jerez o brandy

Ponga a hervir todos los ingredientes excepto el bicarbonato de sodio, el agua, los huevos, la harina y el jerez o brandy en una cacerola de fondo grueso. Hervir durante 5 minutos, revolviendo constantemente, luego retirar del fuego y dejar enfriar.

Licua el bicarbonato de sodio con el agua y agrega a la mezcla de frutas con los huevos y la harina. Vierta en un molde de 10 cm/10 cm engrasado y forrado y ate una doble capa de papel vegetal alrededor del exterior para que se ajuste a la parte superior del molde. Hornee en horno precalentado a 160 °C/325 °F/termostato de gas 3 durante 1 hora. Reduzca la temperatura del horno a 150°C/300°F/nivel de gas 2 y cocine por una hora más. Reduzca la temperatura del horno a 140°C/275°F/nivel de gas 1 y cocine por una tercera hora. Reduzca la temperatura del horno nuevamente a 120°C/250°F/½ marca de gas y hornee por una última hora, cubriendo la parte superior del pastel con papel de hornear si comienza a dorarse demasiado. Una vez cocido, introduce un palillo en el centro,

Pastel pesado de Cornualles

Rinde un pastel de 900 g/2 lb

12 oz/350 g/3 tazas de harina común (para todo uso).

2,5ml/½ cucharadita de sal

¾ taza/6 onzas/175 g de manteca vegetal (manteca vegetal)

3 onzas/75 g/1/3 taza de azúcar en polvo (superfina)

175 g/6 onzas/1 taza de grosellas

Un poco de piel mixta picada (confitada) (opcional)

Aproximadamente 150 ml/¼ pt/2/3 taza de mezcla de leche y agua

1 huevo batido

Coloca la harina y la sal en un bol, luego frota la manteca de cerdo hasta obtener una mezcla similar al pan rallado. Agrega los ingredientes secos restantes. Agrega poco a poco suficiente leche y agua hasta obtener una masa firme. No pasará mucho tiempo. Extienda sobre una bandeja para hornear engrasada (galleta) de aproximadamente 1/2 cm de espesor. Glasear con el huevo batido. Dibuja un patrón entrecruzado encima con la punta de un cuchillo. Hornee en el horno precalentado a 160 °C/325 °F/termostato 3 durante unos 20 minutos hasta que se doren. Dejar enfriar y luego cortar en cuadritos.

Pastel De Grosellas

Hace un pastel de 23 cm/9 pulgadas

8 oz/225 g/1 taza de mantequilla o margarina

11 onzas/300 g/1½ tazas de azúcar en polvo (superfina)

una pizca de sal

100 ml/3½ fl oz/6½ cucharadas de agua hirviendo

3 huevos

14 oz/400 g/3½ tazas de harina común (para todo uso).

175 g/6 onzas/1 taza de grosellas

2 oz / 50 g / ½ taza de ralladura mixta (confitada) picada

100 ml/3½ fl oz/6½ cucharadas de agua fría

15 ml/1 cucharada de levadura en polvo

Coloca en un bol la mantequilla o margarina, el azúcar y la sal, vierte el agua hirviendo y deja reposar hasta que se ablande. Batir rápidamente hasta que quede suave y cremoso. Agrega los huevos poco a poco, luego incorpora la harina, las grosellas y la ralladura mezcladas alternativamente con el agua fría. Agrega la levadura. Vierta la mezcla en un molde para pastel de 23 cm/9 pulgadas untado con mantequilla y hornee en el horno precalentado a 180 °C/350 °F/nivel de gas 4 durante 30 minutos. Reduce la temperatura del horno a 150°C/300°F/nivel de gas 2 y hornea por 40 minutos más hasta que al insertar un palillo en el centro, éste salga limpio. Dejar enfriar en el molde durante 10 minutos antes de desmoldar para terminar de enfriar sobre una rejilla.

pastel de frutas negras

Hace una tarta de 10/25 cm.

8 oz/225 g/1 taza de frutas mixtas picadas (confitadas).

12 onzas/350 g/2 tazas de dátiles sin hueso (sin hueso), picados

8 onzas/11/3 tazas/225 g de pasas

8 oz/225 g/1 taza de cerezas glaseadas (confitadas), picadas

100 g/4 oz/½ taza de piña confitada (glacé), picada

4 oz/100 g/1 taza de nueces mixtas picadas

8 onzas/2 tazas/225 g de harina (para todo uso)

5 ml/1 cucharadita de bicarbonato de sodio (bicarbonato de sodio)

5 ml/1 cucharadita de canela molida

2,5 ml/½ cucharadita de pimienta de Jamaica

1,5 ml/¼ cucharadita de clavo molido

1,5ml/¼ cucharadita de sal

8 oz/225 g/1 taza de manteca vegetal (manteca vegetal)

8 oz/225 g/1 taza de azúcar moreno suave

3 huevos

6 oz/175 g/½ taza de melaza (melaza)

2,5 ml/½ cucharadita de esencia de vainilla (extracto)

120 ml/4 fl oz/½ taza de suero de leche

Agrega las frutas y las nueces. Mezclar la harina, el bicarbonato, las especias y la sal y agregar 50g/2oz/½ taza a la fruta. Batir la manteca y el azúcar hasta que estén suaves y esponjosos. Agrega poco a poco los huevos, batiendo bien después de cada adición. Agrega la melaza y la esencia de vainilla. Agrega el suero de leche alternativamente con la mezcla de harina restante y bate hasta que quede suave. Agrega la fruta. Vierta en un molde para pastel de 25 cm/10 cm enmantecado y forrado y hornee en un horno precalentado a 140 °C/275 °F/termostato 1 durante 2½ horas, hasta que al insertar un palillo en el centro, éste salga limpio. Deje enfriar en el molde durante 10 minutos, luego colóquelo sobre una rejilla para terminar de enfriar.

cortar y devolver el pastel

Hace un pastel de 20 cm/8 pulgadas

10 oz/1 2/3 tazas de mezcla de frutos secos (mezcla para pastel de frutas)

100 g/4 oz/½ taza de mantequilla o margarina

150 ml/¼ st/2/3 taza de agua

1 huevo batido

8 onzas/2 tazas/225 g de harina (para todo uso)

una pizca de sal

100 g/4 oz/½ taza de azúcar glas (superfina)

Coloca la fruta, la mantequilla o margarina y el agua en una cacerola y cocina a fuego lento durante 20 minutos. Dejar enfriar. Agrega el huevo, luego agrega poco a poco la harina, la sal y el azúcar. Vierta en un molde para pastel engrasado de 20 cm/8 pulgadas y hornee en un horno precalentado a 160 °C/325 °F/nivel de gas 3 durante 1 ¼ horas hasta que al insertar un palillo en el centro, éste salga limpio.

Pastel de Dundee

Hace un pastel de 20 cm/8 pulgadas

8 onzas/225 g/1 taza de mantequilla o margarina, ablandada

8 onzas/225 g/1 taza de azúcar en polvo (superfina)

4 huevos grandes

8 onzas/2 tazas/225 g de harina (para todo uso)

una pizca de sal

12 oz/350 g/2 tazas de grosellas

12 oz/350 g/2 tazas de pasas (pasas doradas)

6 oz/175 g/1 taza de ralladura mixta picada (confitada).

4 oz/100 g/1 taza de cerezas glaseadas (confitadas), en cuartos

ralladura de ½ limón

2 oz/50 g de almendras enteras, blanqueadas

Batir la mantequilla y el azúcar hasta que estén suaves y pálidas. Incorpora los huevos uno a la vez, batiendo bien entre cada adición. Agrega la harina y la sal. Agrega la fruta y la ralladura de limón. Pica la mitad de las almendras y agrégalas a la mezcla. Vierta en un molde para pasteles de 8 cm/8 cm engrasado y forrado y ate una tira de papel marrón alrededor del molde para pasteles de modo que quede aproximadamente 2 cm/5 cm más alto que el molde. Pica las almendras reservadas y colócalas en círculos concéntricos encima del bizcocho. Hornear en horno precalentado a 150°C/300°F/nivel de gas 2 durante 3½ horas hasta que al insertar un palillo en el centro, éste salga limpio. Comprobar pasadas 2 horas y media y si el bizcocho empieza a dorarse demasiado,

Pastel de frutas sin huevo durante la noche

Hace un pastel de 20 cm/8 pulgadas

2 oz/50 g/¼ taza de mantequilla o margarina

8 oz/225 g/2 tazas de harina con levadura

5 ml/1 cucharadita de bicarbonato de sodio (bicarbonato de sodio)

5ml/1 cucharadita de nuez moscada rallada

5ml / 1 cucharadita de especias mixtas molidas (tarta de manzana)

una pizca de sal

8 oz / 11/3 tazas de mezcla de frutos secos (mezcla para pastel de frutas)

100 g/4 oz/½ taza de azúcar moreno suave

250 ml/8 fl oz/1 taza de leche

Frote la mantequilla o margarina con la harina, el bicarbonato de sodio, las especias y la sal hasta que la mezcla parezca pan rallado. Mezcla la fruta y el azúcar, luego agrega la leche hasta que todos los ingredientes estén bien combinados. Cubrir y dejar toda la noche.

Vierta la mezcla en un molde para pastel de 20 cm engrasado y forrado y hornee en el horno precalentado a 180°C / 350°F / marca de gas 4 durante 1 ¾ horas hasta que al insertar un palillo en el centro, éste salga limpio.

pastel de frutas infalible

Hace un pastel de 23 cm/9 pulgadas

8 oz/225 g/1 taza de mantequilla o margarina

7 onzas/200 g/un poco de 1 taza de azúcar en polvo (superfina)

175 g/6 onzas/1 taza de grosellas

6 oz/175 g/1 taza de pasas pasas (pasas doradas)

2 oz / 50 g / ½ taza de ralladura mixta (confitada) picada

75 g de dátiles sin hueso (sin hueso), picados

5 ml/1 cucharadita de bicarbonato de sodio (bicarbonato de sodio)

200 ml/7 fl oz/1 taza escasa de agua

2 oz/75 g/¼ taza de cerezas glaseadas (confitadas), picadas

4 oz/100 g/1 taza de nueces mixtas picadas

60 ml/4 cucharadas de brandy o jerez

11 oz/300 g/2¾ tazas de harina común (para todo uso).

5ml/1 cucharadita de levadura en polvo

una pizca de sal

2 huevos, ligeramente batidos

Derrita la mantequilla o margarina, luego agregue el azúcar, las grosellas, las pasas, la ralladura mixta y los dátiles. Mezcla el bicarbonato de sodio con un poco de agua y agrega la mezcla de frutas con el agua restante. Llevar a ebullición y luego cocinar a fuego lento durante 20 minutos, revolviendo ocasionalmente. Tapar y dejar reposar toda la noche.

Unte con mantequilla y forre un molde para pastel de 9 pulgadas / 23 cm y ate una doble capa de papel resistente a la grasa (cera) o papel marrón para que se ajuste a la parte superior del molde para pastel. Agrega las cerezas glaseadas, las nueces y el brandy o jerez a la mezcla, luego agrega la harina, la levadura en polvo y la sal. Agrega los huevos. Vierta en el molde para pastel preparado y hornee en el horno precalentado a 160°C/325°F/nivel de gas 3 durante 1 hora. Reduzca la temperatura del horno a 140°C/275°F/nivel de gas 1 y cocine por una hora más. Reduzca la temperatura del horno nuevamente a 120°C/250°F/½ marca de gas y hornee por una hora más hasta que al insertar un palillo en el centro, éste salga limpio. Cubra la parte superior del pastel con un círculo de cera o papel marrón hacia el final del tiempo de horneado si se está dorando demasiado.

Pastel de frutas con jengibre

Hace un pastel de 18 cm/7 pulgadas

100 g/4 oz/½ taza de mantequilla o margarina, ablandada

100 g/4 oz/½ taza de azúcar glas (superfina)

2 huevos, ligeramente batidos

30 ml/2 cucharadas de leche

8 oz/225 g/2 tazas de harina con levadura

5ml/1 cucharadita de levadura en polvo

10 ml/2 cucharaditas de especias mixtas molidas (tarta de manzana)

5ml/1 cucharadita de jengibre molido

100 g/4 oz/2/3 tazas de pasas

100 g/4 onzas/2/3 tazas de pasas (pasas doradas)

Batir la mantequilla o margarina y el azúcar hasta que esté suave y esponjosa. Incorpora poco a poco los huevos y la leche, luego añade la harina, el polvo para hornear y las especias, y luego la fruta. Vierta la mezcla en un molde para pastel de 18 cm/7 cm untado con mantequilla y forrado y hornee en un horno precalentado a 160 °C/325 °F/termostato 3 durante 1 ¼ horas hasta que suba y esté dorado.

Pastel de frutas con miel silvestre

Hace un pastel de 20 cm/8 pulgadas

6 onzas/175 g/2/3 taza de mantequilla o margarina, ablandada

175 g/6 oz/½ taza de miel ligera

ralladura de 1 limón

3 huevos, ligeramente batidos

8 onzas/2 tazas/225 g de harina integral (integral)

10 ml/2 cucharaditas de levadura en polvo

5ml / 1 cucharadita de especias mixtas molidas (tarta de manzana)

100 g/4 oz/2/3 tazas de pasas

100 g/4 onzas/2/3 tazas de pasas (pasas doradas)

100 g/4 onzas/2/3 tazas de grosellas

1/3 taza/2 oz/50 g de orejones listos para comer, picados

1/3 taza/2 oz/50 g de cáscaras picadas mixtas (confitadas).

1 oz/25 g/¼ taza de almendras picadas

1 oz/25 g/¼ taza de almendras

Batir la mantequilla o margarina, la miel y la ralladura de limón hasta que esté suave y esponjosa. Agrega poco a poco los huevos, luego agrega la harina, el polvo para hornear y las especias mezcladas. Agrega la fruta y las almendras picadas. Verter en un molde para bizcocho de 8/20 cm untado con mantequilla y forrado y hacer un pequeño agujero en el centro. Coloca las almendras alrededor del borde superior del pastel. Hornee en el horno precalentado a 160 °C/325 °F/nivel de gas 3 durante 2 a 2½ horas hasta que al insertar un palillo en el centro, éste salga limpio. Cubra la parte superior del pastel con papel encerado (grasoso) hacia el final del tiempo de horneado si se dora demasiado. Deje enfriar en el molde durante 10 minutos antes de desmoldar sobre una rejilla para que termine de enfriarse.

pastel genovés

Hace un pastel de 23 cm/9 pulgadas

8 onzas/225 g/1 taza de mantequilla o margarina, ablandada

100 g/4 oz/½ taza de azúcar glas (superfina)

4 huevos, separados

5 ml/1 cucharadita de esencia de almendras (extracto)

5 ml/1 cucharadita de piel de naranja rallada

8 oz/225 g/11/3 tazas de pasas picadas

100 g de grosellas rojas picadas

4 oz/100 g/2/3 tazas de pasas (pasas doradas), picadas

2 oz/50 g/¼ taza de cerezas glaseadas (confitadas), picadas

1/3 taza/2 oz/50 g de cáscaras picadas mixtas (confitadas).

4 oz/100 g/1 taza de almendras picadas

1 oz/25 g/¼ taza de almendras

12 oz/350 g/3 tazas de harina común (para todo uso).

10 ml/2 cucharaditas de levadura en polvo

5 ml/1 cucharadita de canela molida

Batir la mantequilla o margarina y el azúcar, luego agregar las yemas, la esencia de almendras y la ralladura de naranja. Mezcle las frutas y las nueces con un poco de harina hasta que estén cubiertas, luego agregue cucharadas de harina, polvo para hornear y canela alternando con cucharadas de la mezcla de frutas hasta que estén bien combinados. Batir las claras a punto de nieve y luego añadirlas a la mezcla. Vierta en un molde para pastel de 9/23 cm untado con mantequilla y forrado y hornee en un horno precalentado a 190 °C/375 °F/marca de gas 5 durante 30 minutos, luego baje la temperatura del horno a 160 °C/325 °F/marca de gas 3 durante otra hora y media hasta que esté elástico al tacto y al insertar un palillo en el centro, éste salga limpio. Dejar enfriar en el molde.

pastel de frutas helado

Hace un pastel de 23 cm/9 pulgadas

8 onzas/225 g/1 taza de mantequilla o margarina, ablandada

8 onzas/225 g/1 taza de azúcar en polvo (superfina)

4 huevos, ligeramente batidos

45ml/3 cucharadas de brandy

9 onzas/1¼ tazas/250 g de harina común (para todo uso).

2,5 ml/½ cucharadita de levadura en polvo

una pizca de sal

8 onzas/225 g/1 taza de fruta glaseada (confitada) como cerezas, piña, naranjas, higos, en rodajas

100 g/4 oz/2/3 tazas de pasas

100 g/4 onzas/2/3 tazas de pasas (pasas doradas)

75 g/3 onzas/½ taza de grosellas

2 oz/50 g/½ taza de nueces mixtas picadas

ralladura de 1 limón

Batir la mantequilla o margarina y el azúcar hasta que esté suave y esponjosa. Incorpora poco a poco los huevos y el brandy. En un recipiente aparte, mezcle los ingredientes restantes hasta que la fruta esté bien cubierta de harina. Agrega la mezcla y mezcla bien. Vierta en un molde para pastel engrasado de 23 cm/9 pulgadas y hornee en un horno precalentado a 180 °C/350 °F/termostato de gas 4 durante 30 minutos. Reduce la temperatura del horno a 150°C/300°F/nivel de gas 3 y hornea por 50 minutos más hasta que al insertar un palillo en el centro, éste salga limpio.

Tarta de frutas Guinness

Hace un pastel de 23 cm/9 pulgadas

8 oz/225 g/1 taza de mantequilla o margarina

8 oz/225 g/1 taza de azúcar moreno suave

300ml/½ pt/1¼ tazas Guinness o cerveza negra

8 onzas/11/3 tazas/225 g de pasas

225 g/8 oz/11/3 tazas de pasas (pasas doradas)

225 g/8 oz/11/3 tazas de grosellas

4 oz / 100 g / 2/3 taza de ralladura picada mixta (confitada).

550 g/1¼ lb/5 tazas de harina común (para todo uso).

2,5 ml/½ cucharadita de bicarbonato de sodio (bicarbonato de sodio)

5ml / 1 cucharadita de especias mixtas molidas (tarta de manzana)

2,5ml/½ cucharadita de nuez moscada rallada

3 huevos, ligeramente batidos

Hierva la mantequilla o margarina, el azúcar y la Guinness en una cacerola pequeña a fuego lento, revolviendo hasta que estén bien combinados. Agregue la fruta y la cáscara mezclada, lleve a ebullición y luego cocine a fuego lento durante 5 minutos. Retirar del fuego y dejar enfriar.

Mezclar la harina, el bicarbonato de sodio y las especias y hacer un hueco en el centro. Agrega la mezcla de frutas frescas y los huevos y mezcla hasta que estén bien combinados. Vierta en un molde para pastel de 23 cm engrasado y forrado y hornee en el horno precalentado a 160 °C/325 °F/termostato 3 durante 2 horas hasta que al insertar un palillo en el centro, éste salga limpio. Dejar enfriar en el molde durante 20 minutos y luego desmoldar sobre una rejilla para que termine de enfriarse.

Pasteles de carne picada

Hace un pastel de 20 cm/8 pulgadas

8 oz/225 g/2 tazas de harina con levadura

12 oz/350 g/2 tazas de carne molida

½ taza/3 oz/75 g de mezcla de frutos secos (mezcla para pastel de frutas)

3 huevos

5 oz/150 g/2/3 taza de margarina blanda

5 oz / 150 g / 2/3 taza de azúcar moreno suave

Mezcle todos los ingredientes hasta que estén bien combinados. Conviértalo en un molde para pastel de 20 cm/8 cm enmantecado y forrado y hornee en un horno precalentado a 160 °C/325 °F/termostato de gas 3 durante 1¾ horas hasta que suba y esté firme al tacto.

Pastel de frutas con avena y albaricoque

Hace un pastel de 20 cm/8 pulgadas

¾ taza/6 onzas/175 g de mantequilla o margarina, ablandada

2 oz / 50 g / ¼ taza de azúcar moreno suave

30 ml/2 cucharadas de miel ligera

3 huevos batidos

¼ tazas/6 onzas/175 g de harina integral (integral)

50 g/2 oz/½ taza de harina de avena

10 ml/2 cucharaditas de levadura en polvo

9 oz/1½ taza/250 g de mezcla para pastel (mezcla para pastel de frutas)

1/3 taza/2 oz/50 g de orejones listos para comer, picados

ralladura y jugo de 1 limón

Batir la mantequilla o margarina y el azúcar con la miel hasta que esté suave y esponjosa. Batir lentamente los huevos alternando con la harina y la levadura. Agrega los frutos secos y el jugo y la ralladura de limón. Vierta en un molde para pastel de 20 cm engrasado y forrado y hornee en el horno precalentado a 180°C/350°F/termostato 4 durante 1 hora. Reduce la temperatura del horno a 160°C/325°F/nivel de gas 3 y hornea por 30 minutos más hasta que al insertar un palillo en el centro, éste salga limpio. Cubre la parte superior con papel de horno si el pastel empieza a dorarse demasiado rápido.

pastel de frutas durante la noche

Hace un pastel de 20 cm/8 pulgadas

450 g/1 lb/4 tazas de harina común (para todo uso).

225 g/8 oz/11/3 tazas de grosellas

225 g/8 oz/11/3 tazas de pasas (pasas doradas)

8 oz/225 g/1 taza de azúcar moreno suave

1/3 taza/2 oz/50 g de cáscaras picadas mixtas (confitadas).

¾ taza/6 onzas/175 g de manteca vegetal (manteca vegetal)

15ml/1 cucharada de almíbar dorado (maíz claro)

10 ml/2 cucharaditas de bicarbonato de sodio (bicarbonato de sodio)

15 ml/1 cucharada de leche

300ml/½ pinta/1¼ tazas de agua

Mezclar la harina, la fruta, el azúcar y la ralladura. Derretir la manteca y el almíbar e incorporarlos a la mezcla. Disuelva el bicarbonato de sodio en la leche y mézclelo con la mezcla para pastel con el agua. Vierta en un molde para pastel engrasado de 20 cm/8 pulgadas, cubra y deje reposar durante la noche.

Hornea el bizcocho en horno precalentado a 160°C/375°F/nivel de gas 3 durante 1¾ horas, hasta que al insertar un palillo en el centro éste salga limpio.

pastel de pasas y especias

Rinde un pan de 900 g/2 lb

8 oz/225 g/1 taza de azúcar moreno suave

300ml/½ pinta/1¼ tazas de agua

100 g/4 oz/½ taza de mantequilla o margarina

15 ml/1 cucharada de melaza (melaza)

6 oz/175 g/1 taza de pasas

5 ml/1 cucharadita de canela molida

2,5ml/½ cucharadita de nuez moscada rallada

2,5 ml/½ cucharadita de pimienta de Jamaica

8 onzas/2 tazas/225 g de harina (para todo uso)

5ml/1 cucharadita de levadura en polvo

5 ml/1 cucharadita de bicarbonato de sodio (bicarbonato de sodio)

Derrita el azúcar, el agua, la mantequilla o margarina, la melaza, las pasas y las especias en una cacerola pequeña a fuego medio, revolviendo constantemente. Llevar a ebullición y cocinar a fuego lento durante 5 minutos. Retirar del fuego y agregar los demás ingredientes. Vierta la mezcla en un molde para pan de 900 g/2 lb engrasado y forrado y hornee en un horno precalentado a 180 °C / 350 °F / marca de gas 4 durante 50 minutos hasta que al insertar un palillo en el centro, éste salga limpio.

pastel de richmond

Hace un pastel de 15 cm/6 pulgadas

8 onzas/2 tazas/225 g de harina (para todo uso)

una pizca de sal

3 oz/75 g/1/3 taza de mantequilla o margarina

100 g/4 oz/½ taza de azúcar glas (superfina)

2,5 ml/½ cucharadita de levadura en polvo

100 g/4 onzas/2/3 tazas de grosellas

2 huevos batidos

un poco de leche

Coloque la harina y la sal en un bol y frote con la mantequilla o margarina hasta que la mezcla parezca pan rallado. Agrega el azúcar, la levadura y las grosellas. Agrega los huevos y suficiente leche para mezclar hasta obtener una masa espesa. Conviértalo en un molde para pasteles de 15 cm untado con mantequilla y forrado. Hornee en el horno precalentado a 190 °C/375 °F/termostato 5 durante unos 45 minutos hasta que al insertar un palillo en el centro, éste salga limpio. Dejar enfriar sobre una rejilla.

Pastel de azafrán

Rinde dos pasteles de 450 g/1 libra

2,5 ml/½ cucharadita de hebras de azafrán

Agua caliente

½ oz/15 g de levadura fresca o 4 cucharaditas/20 ml de levadura seca

2 libras/8 tazas/900 g de harina común (para todo uso)

8 onzas/225 g/1 taza de azúcar en polvo (superfina)

2,5 ml/½ cucharadita de especias mixtas molidas (tarta de manzana)

una pizca de sal

100 g/4 oz/½ taza de manteca vegetal (manteca vegetal)

100 g/4 oz/½ taza de mantequilla o margarina

300ml/½ pt/1¼ tazas de leche tibia

12 oz/350 g/2 tazas de mezcla de frutos secos (mezcla para pastel de frutas)

50 g / 2 oz / 1/3 taza de ralladura mixta picada (confitada).

> Picar las hebras de azafrán y dejarlas en remojo en 3 cucharadas/45 ml de agua tibia durante la noche.

Mezclar la levadura con 30ml/2 cucharadas de harina, 5ml/1 cucharadita de azúcar y 75ml/5 cucharadas de agua tibia y dejar en un lugar cálido durante 20 minutos hasta que esté espumosa.

Mezclar el resto de la harina y el azúcar con las especias y la sal. Frote la manteca de cerdo y la mantequilla o margarina hasta que la mezcla parezca pan rallado, luego haga un hueco en el centro. Agrega la mezcla de levadura, el azafrán y el azafrán líquido, la leche tibia, la fruta y la ralladura mixta y mezcla hasta que quede suave. Colocar en un recipiente engrasado, cubrir con film transparente (film transparente) y dejar en un lugar cálido durante 3 horas.

Forme dos panes, colóquelos en dos moldes para pasteles (moldes) engrasados de 1 lb/450 g y hornee en un horno precalentado a 220 °C/450 °F/nivel de gas 7 durante 40 minutos hasta que estén bien leudados y dorados.

Pastel de frutas firme

Rinde un pastel de 450 g/1 libra

8 onzas/2 tazas/225 g de harina (para todo uso)

1,5ml/¼ cucharadita de sal

Una pizca de bicarbonato de sodio (bicarbonato de sodio)

2 oz/50 g/¼ taza de mantequilla o margarina

2 oz/50 g/¼ taza de azúcar en polvo (superfina)

4 oz/100 g/2/3 tazas de mezcla de frutos secos (mezcla para pastel de frutas)

150 ml/¼ pt/2/3 taza de leche agria o leche con 5 ml/1 cucharadita de jugo de limón

5 ml/1 cucharadita de melaza (melaza)

Mezclar la harina, la sal y el bicarbonato de sodio en un bol. Frote con mantequilla o margarina hasta que la mezcla parezca pan rallado. Agrega el azúcar y la fruta y mezcla bien. Calienta la leche y la melaza hasta que la melaza se haya disuelto, luego agrega a los ingredientes secos y revuelve hasta lograr una consistencia espesa. Vierta en una bandeja para hornear (bandeja para hornear) engrasada de 450 g/1 lb y hornee en un horno precalentado a 190 °C/375 °F/nivel de gas 5 durante unos 45 minutos hasta que se dore.

pastel de frutas rápido

Hace un pastel de 20 cm/8 pulgadas

1 lb/450 g/2 2/3 tazas de frutos secos mixtos (mezcla para pastel de frutas)

8 oz/225 g/1 taza de azúcar moreno suave

100 g/4 oz/½ taza de mantequilla o margarina

150 ml/¼ st/2/3 taza de agua

2 huevos batidos

8 oz/225 g/2 tazas de harina con levadura

Lleve a ebullición la fruta, el azúcar, la mantequilla o margarina y el agua, luego cubra y cocine a fuego lento durante 15 minutos. Dejar enfriar. Añade los huevos y la harina, luego vierte la mezcla en un molde para pasteles de 8/20 cm untado con mantequilla y forrado y hornea en el horno precalentado a 150°C/300°F/nivel de gas 3 durante 1 hora y media hasta que esté dorado. lejos de los lados de la lata.

pastel de frutas con té caliente

Rinde un pastel de 900 g/2 lb

1 libra/2½ tazas/450 g de mezcla para pastel (mezcla para pastel de frutas)

300 ml/½ pt/1¼ tazas de té negro caliente

10 oz/350 g/1¼ tazas de azúcar moreno suave

10 oz/350 g/2½ tazas de harina con levadura

1 huevo batido

Coloque la fruta en té caliente y déjela reposar durante la noche. Añade el azúcar, la harina y el huevo y forma un molde para pan de 900 g untado con mantequilla y forrado. Hornee en horno precalentado a 160°C/325°F/nivel de gas 3 durante 2 horas hasta que esté bien leudado y dorado.

Pastel de frutas con té helado

Hace un pastel de 15 cm/6 pulgadas

100 g/4 oz/½ taza de mantequilla o margarina

8 oz / 11/3 tazas de mezcla de frutos secos (mezcla para pastel de frutas)

250 ml/8 fl oz/1 taza de té negro frío

8 oz/225 g/2 tazas de harina con levadura

100 g/4 oz/½ taza de azúcar glas (superfina)

5 ml/1 cucharadita de bicarbonato de sodio (bicarbonato de sodio)

1 huevo grande

Derretir la mantequilla o margarina en una cacerola, añadir la fruta y el té y llevar a ebullición. Cocine a fuego lento durante 2 minutos y luego déjelo enfriar. Agrega los ingredientes restantes y mezcla bien. Vierta en un molde para pastel de 15 cm/6 cm untado con mantequilla y forrado y hornee en un horno precalentado a 160 °C/325 °F/termostato 3 durante 1¼ a 1½ horas hasta que esté firme al tacto. Dejar enfriar y servir en rodajas y untado con mantequilla.

Tarta de frutas sin azúcar

Hace un pastel de 20 cm/8 pulgadas

4 orejones

60 ml/4 cucharadas de zumo de naranja

250 ml/8 fl oz/1 taza resistente

100 g/4 onzas/2/3 tazas de pasas (pasas doradas)

100 g/4 oz/2/3 tazas de pasas

2 oz/50 g/¼ taza de grosellas

2 oz/50 g/¼ taza de mantequilla o margarina

8 oz/225 g/2 tazas de harina con levadura

3 oz/75 g/¾ taza de nueces mixtas picadas

10 ml/2 cucharaditas de especias mixtas molidas (tarta de manzana)

5 ml/1 cucharadita de café instantáneo en polvo

3 huevos, ligeramente batidos

15ml/1 cucharada de brandy o whisky

Remoja los albaricoques en el jugo de naranja hasta que estén suaves y luego pícalos. Colocar en una cacerola con la carne, los frutos secos y la mantequilla o margarina, llevar a ebullición y cocinar a fuego lento durante 20 minutos. Dejar enfriar.

Mezclar la harina, las nueces, las especias y el café. Mezcle la mezcla fuerte, los huevos y el brandy o whisky. Vierta la mezcla en un molde para pasteles de 20 cm engrasado y forrado y hornee en el horno precalentado a 180°C/350°F/termostato 4 durante 20 minutos. Reducir la temperatura del horno a 150°C/300°F/nivel de gas 2 y hornear durante 1,5 horas más hasta que al insertar un palillo en el centro, éste salga limpio. Cubra la parte superior con papel de horno (engrasado) hacia el final del tiempo de cocción si se dora demasiado. Deje enfriar en el molde durante 10 minutos antes de desmoldar sobre una rejilla para que termine de enfriarse.

pequeños pasteles de frutas

hace 48

100 g/4 oz/½ taza de mantequilla o margarina, ablandada

8 oz/225 g/1 taza de azúcar moreno suave

2 huevos, ligeramente batidos

175 g/6 onzas/1 taza de dátiles sin hueso (sin hueso), picados

2 oz/50 g/½ taza de nueces mixtas picadas

15 ml/1 cucharada de piel de naranja rallada

8 onzas/2 tazas/225 g de harina (para todo uso)

5 ml/1 cucharadita de bicarbonato de sodio (bicarbonato de sodio)

2,5ml/½ cucharadita de sal

150 ml/¼ pt/2/3 taza de suero de leche

6 cerezas glaseadas (confitadas), en rodajas

Glaseado de pastel de frutas de naranja

Batir la mantequilla o margarina y el azúcar hasta que esté suave y esponjosa. Batir los huevos poco a poco. Agrega los dátiles, las nueces y la ralladura de naranja. Mezcla la harina, el bicarbonato de sodio y la sal. Agregue a la mezcla alternando con suero de leche y bata hasta que esté bien combinado. Vierta en moldes para muffins (moldes para muffins) de 2/5 cm untados con mantequilla y decore con cerezas. Hornee en el horno precalentado a 190 ° C / 375 ° F / marca de gas 5 durante 20 minutos hasta que al insertar un palillo en el centro, éste salga limpio. Transfiera a una rejilla para enfriar y deje enfriar, luego unte con el glaseado de naranja.

pastel de vinagre de frutas

Hace un pastel de 23 cm/9 pulgadas

8 oz/225 g/1 taza de mantequilla o margarina

450 g/1 lb/4 tazas de harina común (para todo uso).

225 g/8 oz/11/3 tazas de pasas (pasas doradas)

100 g/4 oz/2/3 tazas de pasas

100 g/4 onzas/2/3 tazas de grosellas

8 oz/225 g/1 taza de azúcar moreno suave

5 ml/1 cucharadita de bicarbonato de sodio (bicarbonato de sodio)

300 ml/½ pt/1¼ tazas de leche

45 ml/3 cucharadas de vinagre de malta

Frote la mantequilla o margarina con la harina hasta que la mezcla parezca pan rallado. Agrega la fruta y el azúcar y haz un hueco en el centro. Mezcla bicarbonato de sodio, leche y vinagre; la mezcla formará espuma. Agrega los ingredientes secos hasta que estén bien combinados. Vierta la mezcla en un molde para pasteles de 9/23 cm untado con mantequilla y forrado y hornee en el horno precalentado a 200 °C/400 °F/termostato 6 durante 25 minutos. Reducir la temperatura del horno a 160°C/325°F/nivel de gas 3 y hornear durante una hora y media más hasta que esté dorado y firme al tacto. Deje enfriar en el molde durante 5 minutos, luego colóquelo sobre una rejilla para terminar de enfriar.

Pastel de whisky Virginia

Rinde un pastel de 450 g/1 libra

100 g/4 oz/½ taza de mantequilla o margarina, ablandada

2 oz/50 g/¼ taza de azúcar en polvo (superfina)

3 huevos, separados

1½ tazas/6 onzas/175 g de harina (para todo uso)

5ml/1 cucharadita de levadura en polvo

Una pizca de nuez moscada rallada

Una pizca de maza molida

Capacidad para 120 ml/4 fl oz/½ taza

30ml/2 cucharadas de brandy

4 oz/100 g/2/3 tazas de mezcla de frutos secos (mezcla para pastel de frutas)

120 ml/4 fl oz/½ taza de whisky

Batir la mantequilla y el azúcar hasta que quede suave. Mezclar las yemas de huevo. Mezclar la harina, el polvo para hornear y las especias e incorporar a la mezcla. Agrega el oporto, el brandy y los frutos secos. Batir las claras a punto de nieve y luego incorporarlas a la mezcla. Vierta en una fuente para hornear engrasada de 450 g/1 libra y hornee en un horno precalentado a 160 °C/325 °F/nivel de gas 3 durante 1 hora hasta que al insertar un palillo en el centro, éste salga limpio. Dejar enfriar en el molde, luego verter el whisky sobre el bizcocho y dejarlo en el molde durante 24 horas antes de cortarlo.

Tarta de frutas galesa

Hace un pastel de 23 cm/9 pulgadas

2 oz/50 g/¼ taza de mantequilla o margarina

2 oz/50 g/¼ taza de manteca vegetal (manteca vegetal)

8 onzas/2 tazas/225 g de harina (para todo uso)

una pizca de sal

10 ml/2 cucharaditas de levadura en polvo

100 g de azúcar demerara

6 oz/175 g/1 taza de mezcla de frutos secos (mezcla para pastel de frutas)

Ralladura y jugo de ½ limón

1 huevo, ligeramente batido

30 ml/2 cucharadas de leche

Frote la mantequilla o margarina y la manteca de cerdo con la harina, la sal y el polvo para hornear hasta que la mezcla parezca pan rallado. Agrega el azúcar, la fruta, la ralladura y el jugo de limón, luego agrega el huevo y la leche y amasa hasta que quede suave. Forme un molde cuadrado de 23 cm/9 pulgadas engrasado y forrado y hornee en un horno precalentado a 200 °C/400 °F/termostato 6 durante 20 minutos hasta que suba y esté dorado.

pastel de frutas blancas

Hace un pastel de 23 cm/9 pulgadas

100 g/4 oz/½ taza de mantequilla o margarina, ablandada

8 onzas/225 g/1 taza de azúcar en polvo (superfina)

5 huevos, ligeramente batidos

12 oz/350 g/2 tazas de nueces mixtas

12 oz/350 g/2 tazas de pasas (pasas doradas)

100 g de dátiles sin hueso (sin hueso), picados

4 oz/100 g/½ taza de cerezas glaseadas (confitadas), picadas

100 g/4 oz/½ taza de piña confitada (glacé), picada

4 oz/100 g/1 taza de nueces mixtas picadas

8 onzas/2 tazas/225 g de harina (para todo uso)

10 ml/2 cucharaditas de levadura en polvo

2,5ml/½ cucharadita de sal

60 ml/4 cucharadas de jugo de piña

Batir la mantequilla o margarina y el azúcar hasta que esté suave y esponjosa. Agrega poco a poco los huevos, batiendo bien después de cada adición. Incorpora toda la fruta, las nueces y un poco de harina hasta que los ingredientes estén bien cubiertos de harina. Agrega el polvo de hornear y la sal a la harina restante, luego agrega la mezcla de huevo alternando con el jugo de piña hasta que quede suave. Agrega la fruta y mezcla bien. Vierta en un molde para pastel de 23 cm/9 cm enmantecado y forrado y hornee en un horno precalentado a 140 °C/275 °F/termostato 1 durante aproximadamente 2½ horas, hasta que al insertar un palillo en el centro, éste salga limpio. Deje enfriar en el molde durante 10 minutos antes de desmoldar sobre una rejilla para que termine de enfriarse.

Tarta de manzana

Hace un pastel de 20 cm/8 pulgadas

1½ tazas/6 onzas/175 g de harina con levadura

5ml/1 cucharadita de levadura en polvo

una pizca de sal

5 oz/150 g/2/3 taza de mantequilla o margarina

5 oz/150 g/2/3 taza de azúcar en polvo (superfina).

1 huevo batido

175 ml/6 fl oz/¾ taza de leche

3 manzanas para comer (de postre), peladas, sin corazón y cortadas en rodajas

2,5 ml/½ cucharadita de canela molida

15 ml/1 cucharada de miel clara

Mezclar la harina, el poder leudante y la sal. Frote la mantequilla o la margarina hasta que la mezcla parezca pan rallado, luego agregue el azúcar. Mezclar el huevo y la leche. Verter la mezcla en un molde para bizcocho de 8/20 cm untado con mantequilla y forrado y presionar suavemente las rodajas de manzana encima. Espolvorea con canela y rocía con miel. Hornee en horno precalentado a 200°C/400°F/nivel de gas 6 durante 45 minutos hasta que estén dorados y firmes al tacto.

Tarta de manzana especiada con cobertura crujiente

Hace un pastel de 20 cm/8 pulgadas

3 oz/75 g/1/3 taza de mantequilla o margarina

1½ tazas/6 onzas/175 g de harina con levadura

2 oz/50 g/¼ taza de azúcar en polvo (superfina)

1 huevo

75ml/5 cucharadas de agua

3 manzanas para comer (de postre), peladas, sin corazón y cortadas en gajos

Para cobertura:

3 oz / 75 g / 1/3 taza de azúcar demerara

10 ml/2 cucharaditas de canela molida

1 oz/25 g/2 cucharadas de mantequilla o margarina

Frote la mantequilla o margarina con la harina hasta que la mezcla parezca pan rallado. Agrega el azúcar, luego mezcla el huevo y el agua para hacer una masa suave. Agrega un poco más de agua si la mezcla está demasiado seca. Extienda la masa en un molde para pasteles de 20 cm y presione las manzanas contra la masa. Espolvoree con azúcar demerara y canela y rocíe con mantequilla o margarina. Hornee en un horno precalentado a 180°C/350°F/termostato de gas 4 durante 30 minutos hasta que esté dorado y firme al tacto.

tarta de manzana americana

Hace un pastel de 20 cm/8 pulgadas

2 oz/50 g/¼ taza de mantequilla o margarina, ablandada

8 oz/225 g/1 taza de azúcar moreno suave

1 huevo, ligeramente batido

5 ml/1 cucharadita de esencia de vainilla (extracto)

1 taza/4 onzas/100 g de harina común (para todo uso).

2,5 ml/½ cucharadita de levadura en polvo

2,5 ml/½ cucharadita de bicarbonato de sodio (bicarbonato de sodio)

2,5ml/½ cucharadita de sal

2,5 ml/½ cucharadita de canela molida

2,5ml/½ cucharadita de nuez moscada rallada

1 lb/450 g de manzanas para comer (postre), peladas, sin corazón y cortadas en cubitos

1 oz/25 g/¼ taza de almendras picadas

Batir la mantequilla o margarina y el azúcar hasta que esté suave y esponjosa. Agrega poco a poco el huevo y la esencia de vainilla. Combine la harina, el polvo para hornear, el bicarbonato de sodio, la sal y las especias y mezcle con la mezcla hasta que se combinen. Agrega las manzanas y las nueces. Vierta en un molde cuadrado de 20 cm engrasado y forrado y hornee en el horno precalentado a 180 °C / 350 °F / marca 4 durante 45 minutos hasta que al insertar un palillo en el centro, éste salga limpio.

Tarta de manzana

Rinde un pastel de 900 g/2 lb

100 g/4 oz/½ taza de mantequilla o margarina, ablandada

8 oz/225 g/1 taza de azúcar moreno suave

2 huevos, ligeramente batidos

8 onzas/2 tazas/225 g de harina (para todo uso)

5 ml/1 cucharadita de canela molida

2,5ml/½ cucharadita de nuez moscada rallada

4 oz/100 g/1 taza de puré de manzana (salsa)

5 ml/1 cucharadita de bicarbonato de sodio (bicarbonato de sodio)

30ml/2 cucharadas de agua caliente

Batir la mantequilla o margarina y el azúcar hasta que esté suave y esponjosa. Incorpora poco a poco los huevos. Agrega la harina, la canela, la nuez moscada y el puré de manzana. Mezcla el bicarbonato de sodio con el agua tibia y revuélvelo con la mezcla. Vierta en una fuente para hornear engrasada de 900 g/2 lb y hornee en un horno precalentado a 180 °C/350 °F/nivel de gas 4 durante 1¼ horas hasta que al insertar un palillo en el centro encaje en su lugar.

pastel de sidra de manzana

Hace un pastel de 20 cm/8 pulgadas

100 g/4 oz/½ taza de mantequilla o margarina, ablandada

5 oz/150 g/2/3 taza de azúcar en polvo (superfina).

3 huevos

8 oz/225 g/2 tazas de harina con levadura

5ml / 1 cucharadita de especias mixtas molidas (tarta de manzana)

5 ml/1 cucharadita de bicarbonato de sodio (bicarbonato de sodio)

5ml/1 cucharadita de levadura en polvo

150 ml/¼ pt/2/3 taza de sidra seca

2 manzanas cocidas (ácidas), peladas, sin corazón y cortadas en rodajas

3 oz / 75 g / 1/3 taza de azúcar demerara

4 oz/100 g/1 taza de nueces mixtas picadas

Mezcle mantequilla o margarina, azúcar, huevos, harina, especias, bicarbonato de sodio, polvo para hornear y 120 ml/4 fl oz/½ taza de sidra hasta que estén bien combinados, agregando el resto de la sidra según sea necesario para crear una masa suave. Verter la mitad de la mezcla en un molde para bizcocho de 8/20 cm untado con mantequilla y forrado y cubrir con la mitad de las rodajas de manzana. Mezclar el azúcar y las nueces y distribuir la mitad sobre las manzanas. Vierta el resto de la mezcla del pastel y cubra con las manzanas restantes y el resto de la mezcla de azúcar y nueces. Hornee en un horno precalentado a 180 °C/350 °F/termostato de gas 4 durante 1 hora hasta que esté dorado y firme al tacto.

Tarta de manzana y canela

Hace un pastel de 23 cm/9 pulgadas

100 g/4 oz/½ taza de mantequilla o margarina

100 g/4 oz/½ taza de azúcar glas (superfina)

1 huevo, ligeramente batido

1 taza/4 onzas/100 g de harina común (para todo uso).

5ml/1 cucharadita de levadura en polvo

30 ml/2 cucharadas de leche (opcional)

2 manzanas grandes cocidas (ácidas), peladas, sin corazón y cortadas en rodajas

30 ml/2 cucharadas de azúcar glas (superfina).

5 ml/1 cucharadita de canela molida

1 oz/25 g/¼ taza de almendras picadas

30 ml/2 cucharadas de azúcar demerara

Batir la mantequilla o margarina y el azúcar hasta que esté suave y esponjosa. Batir poco a poco el huevo, luego añadir la harina y la levadura. La mezcla debe quedar bastante espesa; si está muy dura añadir un poco de leche. Vierta la mitad de la mezcla en un molde para pasteles de fondo suelto de 9/23 cm, untado con mantequilla y forrado. Coloca las rodajas de manzana encima. Mezclar el azúcar y la canela y espolvorear las almendras sobre las manzanas. Cubrir con la mezcla para pastel restante y espolvorear con azúcar demerara. Hornee en el horno precalentado a 180 °C/350 °F/nivel de gas 4 durante 30 a 35 minutos hasta que al insertar un palillo en el centro, éste salga limpio.

tarta de manzana española

Hace un pastel de 23 cm/9 pulgadas

6 onzas/175 g/¾ taza de mantequilla o margarina

6 Cox está comiendo manzanas de postre, peladas, sin corazón y cortadas en gajos.

30 ml/2 cucharadas de brandy de manzana

6 oz/175 g/¾ taza de azúcar en polvo (superfina)

1¼ tazas/5 onzas/150 g de harina común (para todo uso).

10 ml/2 cucharaditas de levadura en polvo

5 ml/1 cucharadita de canela molida

3 huevos, ligeramente batidos

45 ml/3 cucharadas de leche

Para el glaseado:

60 ml/4 cucharadas de mermelada de albaricoque (en conserva), tamizada (colada)

15 ml/1 cucharada de brandy de manzana

5 ml/1 cucharadita de harina de maíz (almidón de maíz)

10ml/2 cucharaditas de agua

Derrita la mantequilla o margarina en una sartén grande y fría las rodajas de manzana a fuego lento durante 10 minutos, revolviendo una vez para cubrirlas con la mantequilla. Sal del fuego. Pica un tercio de las manzanas y agrega el brandy de manzana, luego agrega el azúcar, la harina, la levadura en polvo y la canela. Añade los huevos y la leche y vierte la mezcla en un molde para bizcocho de 9/23 cm untado con mantequilla y enharinado. Coloque las rodajas de manzana restantes encima. Hornee en horno precalentado a 180°C/350°F/nivel de gas 4 durante 45 minutos hasta que suba bien, se dore y comience a encogerse de los lados del molde.

Para hacer el glaseado, calentar la mermelada y el brandy juntos. Mezclar la harina de maíz hasta formar una pasta con el agua y mezclarla con la mermelada y el brandy. Cocine por unos minutos, revolviendo, hasta que esté transparente. Pincelamos el hot cake y dejamos enfriar 30 minutos. Retire los lados de la sartén, vuelva a calentar el glaseado y cepille por segunda vez. Dejar enfriar.

Tarta de manzana y pasas

Hace un pastel de 20 cm/8 pulgadas

12 oz/350 g/3 tazas de harina con levadura

una pizca de sal

2,5 ml/½ cucharadita de canela molida

8 oz/225 g/1 taza de mantequilla o margarina

6 oz/175 g/¾ taza de azúcar en polvo (superfina)

100 g/4 onzas/2/3 tazas de pasas (pasas doradas)

450 g de manzanas cocidas (ácidas), peladas, sin corazón y finamente picadas

2 huevos

un poco de leche

Mezcle la harina, la sal y la canela, luego frote con la mantequilla o margarina hasta que la mezcla parezca pan rallado. Agrega el azúcar. Hacer un hueco en el centro y agregar las pasas, las manzanas y los huevos y mezclar bien agregando un poco de leche para obtener una mezcla espesa. Vierta en un molde para pastel engrasado de 20 cm/8 pulgadas y hornee en un horno precalentado a 180 °C/350 °F/termostato 4 durante aproximadamente 1½ a 2 horas hasta que esté firme al tacto. Servir caliente o frío.

tarta de manzana al revés

Hace un pastel de 23 cm/9 pulgadas

2 manzanas para comer (de postre), peladas, sin corazón y en rodajas finas

3 oz / 75 g / 1/3 taza de azúcar moreno suave

45 ml/3 cucharadas de pasas

30 ml/2 cucharadas de jugo de limón

Para el pastel:

1¾ tazas/7 onzas/200 g de harina común (para todo uso).

2 oz/50 g/¼ taza de azúcar en polvo (superfina)

10 ml/2 cucharaditas de levadura en polvo

5 ml/1 cucharadita de bicarbonato de sodio (bicarbonato de sodio)

5 ml/1 cucharadita de canela molida

una pizca de sal

120 ml/4 fl oz/½ taza de leche

50 g/2 oz/½ taza de puré de manzana (salsa)

75 ml/5 cucharadas de aceite

1 huevo, ligeramente batido

5 ml/1 cucharadita de esencia de vainilla (extracto)

Mezcle las manzanas, el azúcar, las pasas y el jugo de limón y colóquelos en el fondo de un molde para pasteles engrasado de 9 pulgadas. Mezclar los ingredientes secos para el bizcocho y hacer un hueco en el centro. Combine la leche, el puré de manzana, el aceite, el huevo y la esencia de vainilla y mezcle con los ingredientes secos hasta que se combinen. Vierta en el molde para pastel y hornee en horno precalentado a 180°C/350°F/nivel de gas 4 durante 40 minutos hasta que el pastel esté dorado y se desprenda de los lados del molde. Dejar enfriar en el molde durante 10 minutos y luego invertir con cuidado en un plato. Servir caliente o frío.

Pastel de pan de albaricoque

Rinde un pan de 900 g/2 lb

8 onzas/225 g/1 taza de mantequilla o margarina, ablandada

8 onzas/225 g/1 taza de azúcar en polvo (superfina)

2 huevos, bien batidos

6 albaricoques maduros, sin hueso (sin hueso), pelados y triturados

11 oz/300 g/2¾ tazas de harina común (para todo uso).

5 ml/1 cucharadita de bicarbonato de sodio (bicarbonato de sodio)

una pizca de sal

3 oz/75 g/¾ taza de almendras picadas

Batir la mantequilla o margarina y el azúcar. Batir poco a poco los huevos y luego añadir los albaricoques. Batir la harina, el bicarbonato de sodio y la sal. Agrega las nueces. Vierta en un molde para pan de 900 g/2 lb enmantecado y enharinado y hornee en un horno precalentado a 180 °C / 350 °F / marca de gas 4 durante 1 hora hasta que al insertar un palillo en el centro, éste salga limpio. Dejar enfriar en el molde antes de desmoldar.

Tarta de albaricoque y jengibre

Hace un pastel de 18 cm/7 pulgadas

4 oz/100 g/1 taza de harina con levadura

100 g/4 oz/½ taza de azúcar moreno suave

10 ml/2 cucharaditas de jengibre molido

100 g/4 oz/½ taza de mantequilla o margarina, ablandada

2 huevos, ligeramente batidos

100 g de orejones listos para comer, picados

50 g/2 oz/1/3 taza de pasas

Batir la harina, el azúcar, el jengibre, la mantequilla o margarina y los huevos hasta que quede suave. Agrega los albaricoques y las pasas. Vierta la mezcla en un molde para pastel de 18 cm engrasado y forrado y hornee en el horno precalentado a 180°C/350°F/termostato 4 durante 30 minutos hasta que al insertar un palillo en el centro, éste salga limpio.

Pastel de albaricoque borracho

Hace un pastel de 20 cm/8 pulgadas

120 ml/4 fl oz/½ taza de brandy o ron

120 ml/4 fl oz/½ taza de jugo de naranja

8 onzas/11/3 tazas/225 g de orejones listos para comer, picados

100 g/4 onzas/2/3 tazas de pasas (pasas doradas)

¾ taza/6 onzas/175 g de mantequilla o margarina, ablandada

45 ml/3 cucharadas de miel ligera

4 huevos, separados

1½ tazas/6 onzas/175 g de harina con levadura

10 ml/2 cucharaditas de levadura en polvo

Llevar a ebullición el brandy o ron y el zumo de naranja con los albaricoques y las pasas. Mezclar bien, luego retirar del fuego y dejar reposar hasta que se enfríe. Batir la mantequilla o margarina y la miel, luego incorporar gradualmente las yemas de huevo. Agrega la harina y la levadura. Batir las claras a punto de nieve y luego incorporarlas suavemente a la mezcla. Vierta en un molde para pastel de 20 cm engrasado y forrado y hornee en el horno precalentado a 180 °C/350 °F/termostato 4 durante 1 hora hasta que al insertar un palillo en el centro, éste salga limpio. Dejar enfriar en el molde.

pastel de plátano

Hace un pastel de 23 x 33 cm/9 x 13 pulgadas

4 plátanos maduros, triturados

2 huevos, ligeramente batidos

12 oz/350 g/1½ taza de azúcar glas (superfina)

120 ml/4 fl oz/½ taza de aceite

5 ml/1 cucharadita de esencia de vainilla (extracto)

2 oz/50 g/½ taza de nueces mixtas picadas

8 onzas/2 tazas/225 g de harina (para todo uso)

10 ml/2 cucharaditas de bicarbonato de sodio (bicarbonato de sodio)

5ml/1 cucharadita de sal

Batir los plátanos, los huevos, el azúcar, el aceite y la vainilla. Agregue los ingredientes restantes y mezcle hasta que se combinen. Vierta en un molde para pastel de 23 x 33 cm/9 x 13 pulgadas y hornee en el horno precalentado a 180°C/350°F/nivel de gas 4 durante 45 minutos hasta que al insertar un palillo en el centro salga.

Tarta de plátano con cobertura crujiente

Hace un pastel de 23 cm/9 pulgadas

100 g/4 oz/½ taza de mantequilla o margarina, ablandada

11 oz/300 g/11/3 tazas de azúcar en polvo (superfina)

2 huevos, ligeramente batidos

1½ tazas/6 onzas/175 g de harina (para todo uso)

2,5ml/½ cucharadita de sal

1,5ml/½ cucharadita de nuez moscada rallada

5 ml/1 cucharadita de bicarbonato de sodio (bicarbonato de sodio)

75 ml/5 cucharadas de leche

Unas gotas de esencia de vainilla (extracto)

4 plátanos, triturados

Para cobertura:

2 oz / 50 g / ¼ taza de azúcar demerara

2 oz/50 g/2 tazas de hojuelas de maíz trituradas

2,5 ml/½ cucharadita de canela molida

1 oz/25 g/2 cucharadas de mantequilla o margarina

Batir la mantequilla o margarina y el azúcar hasta que esté suave y esponjosa. Batir poco a poco los huevos, luego añadir la harina, la sal y la nuez moscada. Mezcla el bicarbonato de sodio con la leche y la esencia de vainilla e incorpóralos a la mezcla de plátano. Vierta en un molde para pastel cuadrado de 23 cm/9 cm engrasado y forrado.

Para hacer la cobertura, mezcle el azúcar, las hojuelas de maíz y la canela y frote con mantequilla o margarina. Espolvorea sobre el bizcocho y hornea en horno precalentado a 180°C/350°F/nivel de gas 4 durante 45 minutos, hasta que esté firme al tacto.

bizcocho de plátano

Hace un pastel de 23 cm/9 pulgadas

100 g/4 oz/½ taza de mantequilla o margarina, ablandada

100 g/4 oz/½ taza de azúcar glas (superfina)

2 huevos batidos

2 plátanos maduros grandes, triturados

8 oz/225 g/1 taza de harina con levadura

45 ml/3 cucharadas de leche

Para el relleno y relleno:

8 oz/225 g/1 taza de queso crema

30 ml/2 cucharadas de crema agria (leche agria)

4 oz/100 g de chips de plátano seco

Batir la mantequilla o margarina y el azúcar hasta que esté suave y esponjoso. Agrega poco a poco los huevos, luego agrega los plátanos y la harina. Agregue la leche hasta que la mezcla tenga una consistencia líquida. Vierta en un molde para pastel de 23 cm engrasado y forrado y hornee en el horno precalentado a 180 °C/350 °F/termostato 4 durante unos 30 minutos hasta que al insertar un palillo en el centro, éste salga limpio. Transfiera a una rejilla y deje enfriar, luego córtelo por la mitad horizontalmente.

Para hacer la cobertura, mezcle el queso crema y la crema agria y use la mitad de la mezcla para unir las dos mitades del pastel. Extiende la mezcla restante por encima y decora con los chips de plátano.

Tarta de plátano rica en fibra

Hace un pastel de 18 cm/7 pulgadas

100 g/4 oz/½ taza de mantequilla o margarina, ablandada

2 oz / 50 g / ¼ taza de azúcar moreno suave

2 huevos, ligeramente batidos

4 onzas/100 g/1 taza de harina integral (integral)

10 ml/2 cucharaditas de levadura en polvo

2 plátanos, triturados

Para el relleno:

8 oz/225 g/1 taza de requesón (requesón dulce)

5 ml/1 cucharadita de jugo de limón

15 ml/1 cucharada de miel clara

1 plátano, en rodajas

Azúcar en polvo (en polvo), tamizada, para espolvorear

Batir la mantequilla o margarina y el azúcar hasta que esté suave y esponjosa. Batir poco a poco los huevos y luego añadir la harina y la levadura. Agrega suavemente los plátanos. Vierta la mezcla en dos moldes para pastel (moldes) de 18 cm/7" engrasados y forrados y hornee en el horno precalentado durante 30 minutos hasta que esté firme al tacto. Deje enfriar.

Para hacer el relleno, mezcla el queso crema, el jugo de limón y la miel y unta sobre uno de los bizcochos. Coloca las rodajas de plátano encima y luego cubre con el segundo pastel. Servir espolvoreado con azúcar glas.

Tarta de plátano y limón

Hace un pastel de 18 cm/7 pulgadas

100 g/4 oz/½ taza de mantequilla o margarina, ablandada

6 oz/175 g/¾ taza de azúcar en polvo (superfina)

2 huevos, ligeramente batidos

8 oz/225 g/2 tazas de harina con levadura

2 plátanos, triturados

Para el relleno y relleno:

75 ml/5 cucharadas de cuajada de limón

2 plátanos, en rodajas

45 ml/3 cucharadas de jugo de limón

4 oz/100 g/2/3 taza de azúcar glass (en polvo), tamizada

Batir la mantequilla o margarina y el azúcar hasta que esté suave y esponjosa. Agrega poco a poco los huevos, batiendo bien después de cada adición, luego agrega la harina y los plátanos. Vierta la mezcla en dos moldes para pastel de 7/18 cm untados con mantequilla y forrados y hornee en el horno precalentado a 180 °C/350 °F/termostato 4 durante 30 minutos. Retirar del molde y dejar enfriar.

Combina los bizcochos junto con la cuajada de limón y la mitad de las rodajas de plátano. Rocíe las rodajas de plátano restantes con 15 ml/1 cucharada de jugo de limón. Mezcle el jugo de limón restante con el azúcar glas para hacer un glaseado duro (glaseado). Unta el glaseado sobre el bizcocho y decora con las rodajas de plátano.

Pastel De Chocolate Con Licuadora De Plátano

Hace un pastel de 20 cm/8 pulgadas

8 oz/225 g/2 tazas de harina con levadura

2,5 ml/½ cucharadita de levadura en polvo

1½ oz/40 g/3 cucharadas de chocolate para beber en polvo

2 huevos

60 ml/4 cucharadas de leche

5 oz/150 g/2/3 taza de azúcar en polvo (superfina).

100 g/4 oz/½ taza de margarina blanda

2 plátanos maduros, picados

Mezclar la harina, la levadura en polvo y el chocolate para beber. Licue los ingredientes restantes en una licuadora o procesador de alimentos durante unos 20 segundos; la mezcla se verá cuajada. Vierta en los ingredientes secos y mezcle bien. Vierta en un molde para pastel de 20 cm/8 cm engrasado y forrado y hornee en un horno precalentado a 180 °C/350 °F/termostato 4 durante aproximadamente 1 hora, hasta que al insertar un palillo en el centro, éste salga limpio. Transfiera a una rejilla para que se enfríe.

Pastel de plátano y maní

Rinde un pastel de 900 g/2 lb

10 onzas/275 g/2½ tazas de harina común (para todo uso).

8 onzas/225 g/1 taza de azúcar en polvo (superfina)

4 oz/100 g/1 taza de maní, finamente picado

15 ml/1 cucharada de levadura en polvo

una pizca de sal

2 huevos, separados

6 plátanos, triturados

Ralladura y jugo de 1 limón pequeño

2 oz/50 g/¼ taza de mantequilla o margarina, derretida

Mezclar la harina, el azúcar, las nueces, la levadura y la sal. Batir las yemas y mezclarlas con la mezcla de los plátanos, la ralladura y el jugo de limón y la mantequilla o margarina. Batir las claras a punto de nieve y luego añadirlas a la mezcla. Vierta en una fuente para hornear engrasada de 900 g/2 lb y hornee en un horno precalentado a 180 °C/350 °F/nivel de gas 4 durante 1 hora hasta que al insertar un palillo en el centro, éste salga limpio.

Tarta de plátano y pasas todo en uno

Rinde un pastel de 900 g/2 lb

450 g de plátanos maduros, triturados

2 oz/50 g/½ taza de nueces mixtas picadas

120 ml/4 fl oz/½ taza de aceite de girasol

100 g/4 oz/2/3 tazas de pasas

3 oz/75 g/¾ taza de copos de avena

1¼ tazas/5 onzas/150 g de harina integral (integral)

1,5 ml/¼ cucharadita de esencia de almendras (extracto)

una pizca de sal

Mezcla todos los ingredientes hasta obtener una mezcla suave y húmeda. Vierta en un molde para hornear de 900 g/2 lb engrasado y forrado y hornee en un horno precalentado a 190 °C/375 °F/termostato 5 durante 1 hora hasta que se dore y al insertar un palillo en el centro, éste salga limpio. . Dejar enfriar en el molde durante 10 minutos antes de desmoldar.

Pastel de whisky y plátano

Hace una tarta de 10/25 cm.

8 onzas/225 g/1 taza de mantequilla o margarina, ablandada

1 libra/450 g/2 tazas de azúcar moreno suave

3 plátanos maduros, triturados

4 huevos, ligeramente batidos

1½ tazas/6 onzas/175 g de nueces pecanas, picadas en trozos grandes

225 g/8 oz/11/3 tazas de pasas (pasas doradas)

12 oz/350 g/3 tazas de harina común (para todo uso).

15 ml/1 cucharada de levadura en polvo

5 ml/1 cucharadita de canela molida

2,5ml/½ cucharadita de jengibre molido

2,5ml/½ cucharadita de nuez moscada rallada

150ml/¼ pinta/2/3 tazas de whisky

Batir la mantequilla o margarina y el azúcar hasta que esté suave y esponjosa. Agregue los plátanos y luego agregue gradualmente los huevos. Mezcle las nueces y las pasas con una cucharada grande de harina y luego, en un recipiente aparte, mezcle el resto de la harina con el polvo para hornear y las especias. Agrega la harina a la mezcla de crema alternativamente con el whisky. Agrega las nueces y las pasas. Vierta la mezcla en un molde para pastel de 25 cm/10 pulgadas sin engrasar y hornee en un horno precalentado a 180 °C/350 °F/termostato 4 durante 1¼ horas, hasta que esté elástico al tacto. Deje enfriar en el molde durante 10 minutos antes de desmoldar sobre una rejilla para que termine de enfriarse.

pastel de arándanos

Hace un pastel de 23 cm/9 pulgadas

6 oz/175 g/¾ taza de azúcar en polvo (superfina)

60ml/4 cucharadas de aceite

1 huevo, ligeramente batido

120 ml/4 fl oz/½ taza de leche

8 onzas/2 tazas/225 g de harina (para todo uso)

10 ml/2 cucharaditas de levadura en polvo

2,5ml/½ cucharadita de sal

225 g/8 onzas de arándanos

Para cobertura:

2 oz/50 g/¼ taza de mantequilla o margarina, derretida

100 g de azúcar granulada

¼ de taza/2 onzas/50 g de harina común (para todo uso).

2,5 ml/½ cucharadita de canela molida

Incorpora el azúcar, el aceite y el huevo hasta que estén bien combinados y pálidos. Agrega la leche, luego mezcla la harina, la levadura y la sal. Agrega los arándanos. Verter la mezcla en un molde para bizcocho de 9/23 cm untado con mantequilla y enharinado. Mezclar los ingredientes para el relleno y espolvorear con la mezcla. Hornee en el horno precalentado a 190 ° C / 375 ° F / marca de gas 5 durante 50 minutos hasta que al insertar un palillo en el centro, éste salga limpio. Servir caliente.

pastel de guijarros de cereza

Rinde un pastel de 900 g/2 lb

¾ taza/6 onzas/175 g de mantequilla o margarina, ablandada

6 oz/175 g/¾ taza de azúcar en polvo (superfina)

3 huevos batidos

8 onzas/2 tazas/225 g de harina (para todo uso)

2,5 ml/½ cucharadita de levadura en polvo

100 g/4 onzas/2/3 tazas de pasas (pasas doradas)

5 oz/150 g/2/3 taza de cerezas glaseadas (confitadas), en cuartos

8 onzas/225 g de cerezas frescas, sin hueso (sin hueso) y partidas por la mitad

30 ml/2 cucharadas de mermelada de albaricoque (en conserva)

Batir la mantequilla o la margarina hasta que quede suave y luego incorporar el azúcar. Mezclar los huevos, luego la harina, la levadura en polvo, las pasas y las cerezas glaseadas. Vierta en una bandeja para hornear (bandeja para hornear) de 900 g/2 lb engrasada y hornee en el horno precalentado a 160 °C/325 °F/nivel de gas 3 durante 2½ horas. Dejar en el molde durante 5 minutos, luego desmoldar sobre una rejilla para que se enfríe por completo.

Coloca las cerezas en fila encima del pastel. Llevar a ebullición la mermelada de albaricoque en una cacerola, luego colar y untar sobre el pastel para glasear.

pastel de coco y cereza

Hace un pastel de 20 cm/8 pulgadas

12 oz/350 g/3 tazas de harina con levadura

6 onzas/175 g/¾ taza de mantequilla o margarina

8 oz/225 g/1 taza de cerezas glaseadas (confitadas), en cuartos

4 oz/100 g/1 taza de coco desecado (rallado)

6 oz/175 g/¾ taza de azúcar en polvo (superfina)

2 huevos grandes, ligeramente batidos

200 ml/7 fl oz/1 taza escasa de leche

Coloque la harina en un bol y frote con la mantequilla o margarina hasta que la mezcla parezca pan rallado. Agrega las cerezas al coco, luego agrégalas a la mezcla de azúcar y mezcla ligeramente. Agrega los huevos y la mayor parte de la leche. Batir bien, añadiendo más leche si es necesario para darle una consistencia suave. Conviértalo en un molde para pasteles de 20 cm/8 cm untado con mantequilla y forrado. Hornee en el horno precalentado a 180°C/350°F/termostato de gas 4 durante 1½ horas, hasta que al insertar un palillo en el centro, éste salga limpio.

Pastel Sultana Con Cerezas

Rinde un pastel de 900 g/2 lb

100 g/4 oz/½ taza de mantequilla o margarina, ablandada

100 g/4 oz/½ taza de azúcar glas (superfina)

3 huevos, ligeramente batidos

4 oz/100 g/½ taza de cerezas glaseadas (confitadas)

12 oz/350 g/2 tazas de pasas (pasas doradas)

1½ tazas/6 onzas/175 g de harina (para todo uso)

una pizca de sal

Batir la mantequilla o margarina y el azúcar hasta que esté suave y esponjosa. Agrega poco a poco los huevos. Mezcle las cerezas y las pasas con un poco de harina para cubrirlas, luego agregue la harina restante a la mezcla con la sal. Agrega las cerezas y las pasas. Vierta la mezcla en un molde para pan de 900 g/2 lb engrasado y forrado y hornee en un horno precalentado a 160 °C/325 °F/nivel de gas 3 durante 1½ horas hasta que al insertar un palillo en el centro se rompa.

Tarta helada de cerezas y nueces

Hace un pastel de 18 cm/7 pulgadas

100 g/4 oz/½ taza de mantequilla o margarina, ablandada

100 g/4 oz/½ taza de azúcar glas (superfina)

2 huevos, ligeramente batidos

15 ml/1 cucharada de miel clara

1¼ tazas/5 onzas/150 g de harina con levadura

5ml/1 cucharadita de levadura en polvo

una pizca de sal

Para decoración:

8 onzas/225 g/11/3 tazas de azúcar glass (en polvo), tamizada

30 ml/2 cucharadas de agua

Unas gotas de colorante rojo.

4 cerezas glaseadas (confitadas), cortadas por la mitad

4 mitades de nuez

Batir la mantequilla o margarina y el azúcar hasta que esté suave y esponjosa. Agrega poco a poco los huevos y la miel, luego agrega la harina, la levadura en polvo y la sal. Vierta la mezcla en un molde para pastel de 18 cm/8 pulgadas untado con mantequilla y forrado y hornee en un horno precalentado a 190 °C/375 °F/termostato 5 durante 20 minutos hasta que suba y esté firme al tacto. Dejar enfriar.

Coloque el azúcar glas en un bol y agregue gradualmente suficiente agua para hacer un glaseado untable (glaseado). Distribuya la mayor parte sobre la parte superior del pastel. Colorea el resto del glaseado con unas gotas de colorante alimentario, añadiendo un poco más de azúcar glas si esto hace que el glaseado quede demasiado líquido. Coloque o coloque el glaseado rojo sobre el pastel para dividirlo en gajos, luego cubra con las cerezas y las nueces glaseadas.

ciruelas pastel de ciruelas

Hace un pastel de 20 cm/8 pulgadas

100 g/4 oz/½ taza de mantequilla o margarina, ablandada

3 oz / 75 g / 1/3 taza de azúcar moreno suave

2 huevos, ligeramente batidos

8 oz/225 g/2 tazas de harina con levadura

450 g de ciruelas, deshuesadas (sin hueso) y partidas por la mitad

2 oz/50 g/½ taza de nueces mixtas picadas.

Batir la mantequilla o margarina y el azúcar hasta que estén suaves y esponjosos, luego agregar gradualmente los huevos, batiendo bien después de cada adición. Agrega la harina y las ciruelas. Verter la mezcla en un molde para bizcocho de 20 cm engrasado y forrado y espolvorear con las nueces. Hornee en un horno precalentado a 190 °C/375 °F/termostato de gas 5 durante 45 minutos hasta que esté firme al tacto. Deje enfriar en el molde durante 10 minutos antes de transferirlo a una rejilla para completar el enfriamiento.

Tarta de dátiles y nueces

Hace un pastel de 23 cm/9 pulgadas

300 ml/½ pt/1¼ tazas de agua hirviendo

225 g/8 onzas/11/3 tazas de dátiles, sin hueso (sin hueso) y picados

5 ml/1 cucharadita de bicarbonato de sodio (bicarbonato de sodio)

3 oz/75 g/1/3 taza de mantequilla o margarina, ablandada

8 onzas/225 g/1 taza de azúcar en polvo (superfina)

1 huevo batido

10 onzas/275 g/2½ tazas de harina común (para todo uso).

una pizca de sal

2,5 ml/½ cucharadita de levadura en polvo

2 oz/50 g/½ taza de nueces picadas

Para cobertura:

2 oz / 50 g / ¼ taza de azúcar moreno suave

1 oz/25 g/2 cucharadas de mantequilla o margarina

30 ml/2 cucharadas de leche

Unas mitades de nueces para decorar

Coloca en un bol el agua, los dátiles y el bicarbonato y deja reposar 5 minutos. Batir la mantequilla o margarina y el azúcar hasta que quede suave, luego agregar el huevo con el agua y los dátiles. Mezclar la harina, la sal y la levadura, luego agregarlas a la mezcla con las nueces. Conviértalo en un molde para pastel de 23 cm/9 cm untado con mantequilla y forrado y hornee en un horno precalentado a 180 °C/350 °F/termostato 4 durante 1 hora hasta que cuaje. Dejar enfriar sobre una rejilla.

Para hacer la cobertura, mezcle el azúcar, la mantequilla y la leche hasta que quede suave. Distribuir sobre el bizcocho y decorar con mitades de nueces.

Pastel de limón

Hace un pastel de 20 cm/8 pulgadas

¾ taza/6 onzas/175 g de mantequilla o margarina, ablandada

6 oz/175 g/¾ taza de azúcar en polvo (superfina)

2 huevos batidos

8 oz/225 g/2 tazas de harina con levadura

Jugo y ralladura de 1 limón

60 ml/4 cucharadas de leche

Crema de mantequilla o margarina y 100 g de azúcar. Agrega los huevos poco a poco, luego agrega la harina y la ralladura de limón. Agrega suficiente leche para darle una consistencia suave. Vierta la mezcla en un molde para pastel de 20 cm/8 cm engrasado y forrado y hornee en un horno precalentado a 180 °C/350 °F/termostato 4 durante 1 hora hasta que suba y esté dorado. Disuelva el azúcar restante en el jugo de limón. Pincha todo el hot cake con un tenedor y vierte la mezcla de jugo sobre él. Dejar enfriar.

Pastel de naranja y almendra

Hace un pastel de 20 cm/8 pulgadas

4 huevos, separados

100 g/4 oz/½ taza de azúcar glas (superfina)

ralladura de 1 naranja

2 oz/50 g/½ taza de almendras, finamente picadas

2 oz/50 g/½ taza de almendras picadas

Para el almíbar:

100 g/4 oz/½ taza de azúcar glas (superfina)

300 ml/½ pt/1¼ tazas de jugo de naranja

15 ml/1 cucharada de licor de naranja (opcional)

1 rama de canela

Batir las yemas, el azúcar, la ralladura de naranja, las almendras y la almendra picada. Batir las claras a punto de nieve y luego incorporarlas a la mezcla. Vierta en un molde para pastel de 20 cm/8 pulgadas untado con mantequilla y enharinado y hornee en un horno precalentado a 180 °C/350 °F/nivel de gas 4 durante 45 minutos hasta que esté firme al tacto. Pinchar todo con una brocheta y dejar enfriar.

Mientras tanto, disolver el azúcar en el zumo de naranja y el licor, si se utiliza, a fuego lento con la ramita de canela, removiendo de vez en cuando. Llevar a ebullición y hervir hasta que se reduzca a un almíbar fino. Desecha la canela. Vierte el almíbar caliente sobre el bizcocho y déjalo en remojo.

pastel de pan de avena

Rinde un pastel de 900 g/2 lb

100g/4oz/1 taza de avena

300 ml/½ pt/1¼ tazas de agua hirviendo

100 g/4 oz/½ taza de mantequilla o margarina, ablandada

8 oz/225 g/1 taza de azúcar moreno suave

8 onzas/225 g/1 taza de azúcar en polvo (superfina)

2 huevos, ligeramente batidos

1½ tazas/6 onzas/175 g de harina (para todo uso)

10 ml/2 cucharaditas de levadura en polvo

5 ml/1 cucharadita de bicarbonato de sodio (bicarbonato de sodio)

5 ml/1 cucharadita de canela molida

Remojar la avena en agua hirviendo. Batir la mantequilla o margarina y el azúcar hasta que esté suave y esponjosa. Agrega poco a poco los huevos, luego agrega la harina, la levadura en polvo, el bicarbonato de sodio y la canela. Finalmente, agrega la mezcla de avena y mezcla hasta que esté bien combinada. Vierta en un molde para hornear de 900 g/2 lb engrasado y forrado y hornee en un horno precalentado a 180 °C/350 °F/termostato de gas 4 durante aproximadamente 1 hora hasta que esté firme al tacto.

Pastel de mandarina fuertemente glaseado

Hace un pastel de 20 cm/8 pulgadas

3/4 taza/6 oz/175 g de margarina blanda enlatada

9 oz/250 g/1 taza generosa de azúcar en polvo (superfina).

8 oz/225 g/2 tazas de harina con levadura

5ml/1 cucharadita de levadura en polvo

3 huevos

Piel finamente rallada y jugo de 1 naranja pequeña

11 oz/300 g/1 lata mediana de mandarinas, bien escurridas

Ralladura fina y jugo de 1/2 limón

Combine la margarina, 175 g/6 oz/3/4 taza de azúcar, la harina, el polvo para hornear, los huevos, la ralladura de naranja y el jugo en un procesador de alimentos o bata con una batidora eléctrica hasta que quede suave. . Picar las mandarinas en trozos grandes y doblarlas. Vierta en un molde para pasteles de 20 cm engrasado y forrado. Alise la superficie. Hornee en el horno precalentado a 180 °C/350 °F/termostato de gas 4 durante 1 hora y 10 minutos o hasta que al insertar un palillo en el centro, éste salga limpio. Dejar enfriar durante 5 minutos, luego retirar del molde y colocar sobre la rejilla. Mientras tanto, mezcla el azúcar restante con la ralladura de limón y el jugo hasta formar una pasta. Extender por encima y dejar enfriar.

pastel de naranja

Hace un pastel de 20 cm/8 pulgadas

¾ taza/6 onzas/175 g de mantequilla o margarina, ablandada

6 oz/175 g/¾ taza de azúcar en polvo (superfina)

2 huevos batidos

8 oz/225 g/2 tazas de harina con levadura

Jugo y piel rallada de 1 naranja

60 ml/4 cucharadas de leche

Crema de mantequilla o margarina y 100 g de azúcar. Agrega los huevos poco a poco, luego agrega la harina y la piel de naranja rallada. Agrega suficiente leche para darle una consistencia suave. Vierta la mezcla en un molde para pastel de 20 cm/8 cm engrasado y forrado y hornee en un horno precalentado a 180 °C/350 °F/termostato 4 durante 1 hora hasta que suba y esté dorado. Disuelva el azúcar restante en el jugo de naranja. Pincha todo el hot cake con un tenedor y vierte la mezcla de jugo sobre él. Dejar enfriar.

pastel de ángel

Hace un pastel de 23 cm/9 pulgadas

¾ de taza/3 onzas/75 g de harina común (para todo uso).

1 oz/25 g/2 cucharadas de harina de maíz (almidón de maíz)

una pizca de sal

8 onzas/225 g/1 taza de azúcar en polvo (superfina)

10 claras de huevo

1 cucharada de jugo de limón

1 cucharadita de crémor tártaro

1 cucharadita de esencia de vainilla (extracto)

Mezclar las harinas y la sal con una cuarta parte del azúcar y tamizar bien. Batir la mitad de las claras con la mitad del jugo de limón hasta que estén espumosas. Añade la mitad del crémor tártaro y una cucharadita de azúcar y bate hasta que se formen picos rígidos. Repetir con las claras restantes, luego incorporar y agregar poco a poco el resto del azúcar y la esencia de vainilla. Incorpora muy poco a poco la mezcla de harina a las claras. Vierta en un molde desmontable (molde tubular) engrasado de 23 cm/9 pulgadas y hornee en un horno precalentado a 180 °C/350 °F/nivel de gas 4 durante 45 minutos hasta que esté firme al tacto. Invierta el molde sobre una rejilla y déjelo enfriar en el molde antes de desmoldar.

sándwich de mora

Hace un pastel de 18 cm/7 pulgadas

¾ taza/6 onzas/175 g de mantequilla o margarina, ablandada

6 oz/175 g/¾ taza de azúcar en polvo (superfina)

3 huevos batidos

1½ tazas/6 onzas/175 g de harina con levadura

5 ml/1 cucharadita de esencia de vainilla (extracto)

300 ml/½ pt/1¼ tazas de crema doble (espesa)

225 g/8 onzas de moras

Batir la mantequilla o margarina y el azúcar hasta que esté suave y esponjoso. Batir poco a poco los huevos, luego agregar la harina y la esencia de vainilla. Divida en dos moldes para pastel de 7/18 cm untados con mantequilla y forrados y hornee en un horno precalentado a 190°C/375°F/nivel de gas 5 durante 25 minutos hasta que esté elástico al tacto. Dejar enfriar.

Batir la nata hasta que esté firme. Distribuir la mitad sobre una de las tartas, colocar encima las moras y verter el resto de la nata por encima. Cubrir con el segundo bizcocho y servir.

Pastel De Mantequilla Dorada

Hace un pastel de 23 cm/9 pulgadas

8 onzas/225 g/1 taza de mantequilla o margarina, ablandada

450 g/1 libra/2 tazas de azúcar glas (superfina)

5 huevos, separados

250 ml/8 fl oz/1 taza de yogur natural

14 oz/400 g/3½ tazas de harina común (para todo uso).

10 ml/2 cucharaditas de levadura en polvo

una pizca de sal

Batir la mantequilla o margarina y el azúcar hasta que esté suave y esponjosa. Agrega poco a poco las yemas de huevo y el yogur, luego agrega la harina, la levadura y la sal. Batir las claras a punto de nieve y luego incorporarlas con cuidado a la mezcla con una cuchara de metal. Vierta en un molde para pastel engrasado de 23 cm/9 pulgadas y hornee en un horno precalentado a 180 °C/350 °F/termostato 4 durante 45 minutos hasta que esté dorado y elástico al tacto. Deje enfriar en el molde durante 10 minutos, luego colóquelo sobre una rejilla para terminar de enfriar.

Esponja de café todo en uno

Hace un pastel de 20 cm/8 pulgadas

100 g/4 oz/½ taza de mantequilla o margarina, ablandada

100 g/4 oz/½ taza de azúcar glas (superfina)

4 oz/100 g/1 taza de harina con levadura

2,5 ml/½ cucharadita de levadura en polvo

15 ml/1 cucharada de café instantáneo en polvo, disuelto en 10 ml/2 cucharaditas de agua caliente

2 huevos

Licúa todos los ingredientes hasta que estén bien combinados. Vierta en un molde para pastel de 20 cm/8 cm untado con mantequilla y forrado y hornee en un horno precalentado a 180 °C/350 °F/termostato 4 durante 30 minutos hasta que esté bien levado y elástico al tacto.

pastel checo

Hace un pastel de 15 x 25 cm/10 x 6 pulgadas

12 oz/350 g/3 tazas de harina común (para todo uso).

4 oz/100 g/2/3 taza de azúcar glass (en polvo), tamizada

4 oz/100 g/1 taza de avellanas o almendras molidas

15 ml/1 cucharada de levadura en polvo

150 ml/¼ pt/2/3 taza de leche

2 huevos, ligeramente batidos

250 ml/8 fl oz/1 taza de aceite de girasol

8 onzas/225 g de fruta fresca

Para el glaseado:

400 ml/14 fl oz/1¾ taza de jugo de frutas

20 ml/4 cucharaditas de arrurruz

Mezclar los ingredientes secos. Mezclar la leche, los huevos y el aceite y agregarlos a la mezcla. Vierta en un molde para pastel (bandeja) poco profundo engrasado de 15 x 25 cm/6 x 10 y hornee en un horno precalentado a 180 °C/350 °F/nivel de gas 4 durante unos 35 minutos hasta que cuaje. Dejar enfriar.

Acomoda la fruta sobre la base del bizcocho. Lleve a ebullición el jugo de fruta y el arrurruz, revolviendo hasta que espese, luego vierta el glaseado sobre el pastel.

pastel de miel sencillo

Hace un pastel de 20 cm/8 pulgadas

100 g/4 oz/½ taza de mantequilla o margarina, ablandada

1 oz/25 g/2 cucharadas de azúcar en polvo (superfina).

60 ml/4 cucharadas de miel ligera

2 huevos, ligeramente batidos

1½ tazas/6 onzas/175 g de harina con levadura

2,5 ml/½ cucharadita de levadura en polvo

5 ml/1 cucharadita de canela molida

15 ml/1 cucharada de agua

Licue todos los ingredientes hasta que quede suave y goteante. Vierta en un molde para pastel de 20 cm/8 cm untado con mantequilla y forrado y hornee en un horno precalentado a 190 °C/375 °F/termostato de gas 5 durante 30 minutos hasta que esté bien levado y elástico al tacto.

Bizcocho de limón todo en uno

Hace un pastel de 20 cm/8 pulgadas

100 g/4 oz/½ taza de mantequilla o margarina, ablandada

100 g/4 oz/½ taza de azúcar glas (superfina)

4 oz/100 g/1 taza de harina con levadura

2,5 ml/½ cucharadita de levadura en polvo

ralladura de 1 limón

15 ml/1 cucharada de jugo de limón

2 huevos

Licúa todos los ingredientes hasta que estén bien combinados. Vierta en un molde para pastel de 20 cm/8 cm untado con mantequilla y forrado y hornee en un horno precalentado a 180 °C/350 °F/termostato 4 durante 30 minutos hasta que esté bien levado y elástico al tacto.

Pastel de limón

Hace una tarta de 10/25 cm.

8 oz/225 g/2 tazas de harina con levadura

15 ml/1 cucharada de levadura en polvo

5ml/1 cucharadita de sal

12 oz/350 g/1½ taza de azúcar glas (superfina)

7 huevos, separados

120 ml/4 fl oz/½ taza de aceite

175 ml/6 fl oz/¾ taza de agua

10 ml/2 cucharaditas de ralladura de limón

5 ml/1 cucharadita de esencia de vainilla (extracto)

2,5ml/½ cucharadita de crémor tártaro

Mezclar la harina, la levadura, la sal y el azúcar y hacer un hueco en el centro. Mezclar las yemas de huevo, el aceite, el agua, la ralladura de limón y la esencia de vainilla y mezclar con los ingredientes secos. Batir las claras y el crémor tártaro hasta que se formen picos rígidos. Agrega la masa del pastel. Vierta en un molde para pastel de 25 cm/10 pulgadas sin engrasar y hornee en un horno precalentado a 160 °C/325 °F/nivel de gas 3 durante 1 hora. Apagar el horno pero dejar el bizcocho otros 8 minutos. Retirar del horno e invertir sobre una rejilla para terminar de enfriar.

Pastel de limón

Rinde un pastel de 900 g/2 lb

100 g/4 oz/½ taza de mantequilla o margarina, ablandada

6 oz/175 g/¾ taza de azúcar en polvo (superfina)

2 huevos, ligeramente batidos

1½ tazas/6 onzas/175 g de harina con levadura

60 ml/4 cucharadas de leche

ralladura de 1 limón

Para el almíbar:

60ml/4 cucharadas de azúcar glas tamizada

45 ml/3 cucharadas de jugo de limón

Batir la mantequilla o margarina y el azúcar hasta que esté suave y esponjosa. Agrega poco a poco los huevos, luego la harina, la leche y la ralladura de limón y mezcla hasta obtener una mezcla suave. Vierta en un molde para pan de 900 g/2 lb engrasado y forrado y hornee en un horno precalentado a 180 °C/350 °F/nivel de gas 4 durante 45 minutos hasta que esté elástico al tacto.

Mezclar el azúcar glas y el zumo de limón y verter sobre el bizcocho nada más sacar del horno. Dejar enfriar en el molde.

pastel de limón y vainilla

Rinde un pastel de 900 g/2 lb

8 onzas/225 g/1 taza de mantequilla o margarina, ablandada

450 g/1 libra/2 tazas de azúcar glas (superfina)

4 huevos, separados

12 oz/350 g/3 tazas de harina común (para todo uso).

10 ml/2 cucharaditas de levadura en polvo

200 ml/7 fl oz/1 taza escasa de leche

2,5 ml/½ cucharadita de esencia de limón (extracto)

2,5 ml/½ cucharadita de esencia de vainilla (extracto)

Batir la mantequilla y el azúcar, luego agregar las yemas de huevo. Agrega la harina y la levadura alternando con la leche. Agrega las esencias de limón y vainilla. Batir las claras hasta que formen picos suaves y luego incorporarlas suavemente a la mezcla. Conviértalo en una bandeja para hornear de 900 g/2 lb engrasada y hornee en un horno precalentado a 150 °C/300 °F/nivel de gas 2 durante 1 ¼ horas hasta que esté dorado y elástico al tacto.

pastel de Madeira

Hace un pastel de 18 cm/7 pulgadas

¾ taza/6 onzas/175 g de mantequilla o margarina, ablandada

6 oz/175 g/¾ taza de azúcar en polvo (superfina)

3 huevos grandes

1¼ tazas/5 onzas/150 g de harina con levadura

1 taza/4 onzas/100 g de harina común (para todo uso).

una pizca de sal

Ralladura y jugo de ½ limón

Batir la mantequilla o margarina y el azúcar hasta que esté suave y suave. Agrega los huevos uno a la vez, batiendo bien entre cada adición. Agrega los demás ingredientes. Vierta en un molde para pasteles de 18 cm untado con mantequilla y forrado y nivele la superficie. Hornee en un horno precalentado a 160 °C/325 °F/nivel de gas 3 durante 1 a 1¼ horas hasta que estén dorados y elásticos al tacto. Deje enfriar en el molde durante 5 minutos antes de desmoldar sobre una rejilla para que termine de enfriarse.

pastel margarita

Hace un pastel de 20 cm/8 pulgadas

4 huevos, separados

15 ml/1 cucharada de azúcar glas (superfina).

1½ tazas/6 onzas/175 g de harina (para todo uso)

100 g/4 onzas/1 taza de harina de papa

2,5 ml/½ cucharadita de esencia de vainilla (extracto)

1 oz/25 g/3 cucharadas de azúcar glass, tamizada

Batir las yemas y el azúcar hasta que la mezcla esté ligera y cremosa. Agrega poco a poco la harina, la fécula de patata y la esencia de vainilla. Batir las claras a punto de nieve y añadirlas a la mezcla. Vierta la mezcla en un molde para pasteles de 20 cm enmantecado y forrado y hornee en el horno precalentado a 200°C/400°F/nivel de gas 6 durante solo 5 minutos. Retira el bizcocho del horno y haz una cruz en la superficie con un cuchillo afilado, luego regresa al horno lo más rápido posible y hornea por otros 5 minutos. Reduzca la temperatura del horno a 180°C/350°F/nivel de gas 4 y hornee por 25 minutos más hasta que esté dorado y leudado. Dejar enfriar y servir espolvoreado con azúcar glas.

Pastel De Leche Caliente

Hace un pastel de 23 cm/9 pulgadas

4 huevos, ligeramente batidos

5 ml/1 cucharadita de esencia de vainilla (extracto)

1 libra/450 g/2 tazas de azúcar granulada

8 oz/225 g/2 tazas de harina con levadura

10 ml/2 cucharaditas de levadura en polvo

2,5ml/½ cucharadita de sal

250 ml/8 fl oz/1 taza de leche

1 oz/25 g/2 cucharadas de mantequilla o margarina

Batir los huevos, la esencia de vainilla y el azúcar hasta que estén suaves y esponjosos. Agrega poco a poco la harina, la levadura en polvo y la sal. Hierva la leche y la mantequilla o margarina en una cacerola pequeña, luego agréguelas a la mezcla y mezcle bien. Vierta en un molde para pastel de 23 cm/9 cm untado con mantequilla y enharinado y hornee en un horno precalentado a 180 °C/350 °F/termostato 4 durante 40 minutos hasta que esté dorado y elástico al tacto.

pastel de leche

Hace un pastel de 20 cm/8 pulgadas

150 ml/¼ pt/2/3 taza de leche

3 huevos

6 oz/175 g/¾ taza de azúcar en polvo (superfina)

5 ml/1 cucharadita de jugo de limón

350 g / 12 oz / 3 tazas de harina común (para todo uso)

5ml/1 cucharadita de levadura en polvo

Calentar la leche en un cazo. Batir los huevos en un bol hasta que estén espesos y cremosos, luego agregar el azúcar y el jugo de limón. Vierta la harina y la levadura, luego agregue gradualmente la leche tibia hasta que quede suave. Vierta en un molde para pastel engrasado de 20 cm/8 pulgadas y hornee en un horno precalentado a 180 °C/350 °F/nivel de gas 4 durante 20 minutos hasta que suba y esté elástico al tacto.

Esponja de moca todo en uno

Hace un pastel de 20 cm/8 pulgadas

100 g/4 oz/½ taza de mantequilla o margarina, ablandada

100 g/4 oz/½ taza de azúcar glas (superfina)

4 oz/100 g/1 taza de harina con levadura

2,5 ml/½ cucharadita de levadura en polvo

15 ml/1 cucharada de café instantáneo en polvo, disuelto en 10 ml/2 cucharaditas de agua caliente

15 ml/1 cucharada de cacao (chocolate sin azúcar) en polvo

2 huevos

Licúa todos los ingredientes hasta que estén bien combinados. Vierta en un molde para pastel de 20 cm/8 cm untado con mantequilla y forrado y hornee en un horno precalentado a 180 °C/350 °F/termostato 4 durante 30 minutos hasta que esté bien levado y elástico al tacto.

tarta de moscatel

Hace un pastel de 18 cm/7 pulgadas

¾ taza/6 onzas/175 g de mantequilla o margarina, ablandada

6 oz/175 g/¾ taza de azúcar en polvo (superfina)

3 huevos

30 ml/2 cucharadas de vino dulce moscatel

8 onzas/2 tazas/225 g de harina (para todo uso)

10 ml/2 cucharaditas de levadura en polvo

Batir la mantequilla o la margarina y el azúcar hasta que estén suaves y esponjosos, luego incorporar gradualmente los huevos y el vino. Agrega la harina y el polvo para hornear y mezcla hasta que quede suave. Vierta en un molde para pastel de 18 cm/7 cm untado con mantequilla y forrado y hornee en un horno precalentado a 180 °C/350 °F/termostato 4 durante 1¼ horas hasta que esté dorado y elástico al tacto. Deje enfriar en el molde durante 5 minutos, luego colóquelo sobre una rejilla para terminar de enfriar.

Esponja naranja todo en uno

Hace un pastel de 20 cm/8 pulgadas

100 g/4 oz/½ taza de mantequilla o margarina, ablandada

100 g/4 oz/½ taza de azúcar glas (superfina)

4 oz/100 g/1 taza de harina con levadura

2,5 ml/½ cucharadita de levadura en polvo

ralladura de 1 naranja

15 ml/1 cucharada de zumo de naranja

2 huevos

Licúa todos los ingredientes hasta que estén bien combinados. Vierta en un molde para pastel de 20 cm/8 cm untado con mantequilla y forrado y hornee en un horno precalentado a 180 °C/350 °F/termostato 4 durante 30 minutos hasta que esté bien levado y elástico al tacto.

pastel sencillo

Hace un pastel de 23 cm/9 pulgadas

2 oz/50 g/¼ taza de mantequilla o margarina

8 onzas/2 tazas/225 g de harina (para todo uso)

2,5ml/½ cucharadita de sal

15 ml/1 cucharada de levadura en polvo

30 ml/2 cucharadas de azúcar glas (superfina).

250 ml/8 fl oz/1 taza de leche

Frote la mantequilla o margarina con la harina, la sal y el polvo para hornear hasta que la mezcla parezca pan rallado. Agrega el azúcar. Agregue gradualmente la leche y mezcle hasta que quede suave. Presione suavemente en un molde para pastel engrasado de 23 cm/9 pulgadas y hornee en un horno precalentado a 160 °C/325 °F/nivel de gas 3 durante unos 30 minutos hasta que esté ligeramente dorado.

pastel español

Hace un pastel de 23 cm/9 pulgadas

4 huevos, separados

100 g de azúcar granulada

ralladura de ½ limón

1 oz/25 g/¼ taza de harina de maíz

¼ de taza/1 oz/25 g de harina común (para todo uso).

30 ml/2 cucharadas de azúcar glas tamizada

Batir las yemas, el azúcar y la ralladura de limón hasta que la mezcla esté suave y esponjosa. Incorpora poco a poco la harina de maíz y la harina. Batir las claras a punto de nieve y luego incorporarlas a la mezcla. Vierta la mezcla en un molde cuadrado engrasado de 23 cm/9 pulgadas y hornee en el horno precalentado a 220 °C/425 °F/nivel de gas 7 durante 6 minutos. Retirar inmediatamente del molde y dejar enfriar. Servir espolvoreado con azúcar glas.

sándwich de victoria

Hace un pastel de 23 cm/7 pulgadas

¾ taza/6 onzas/175 g de mantequilla o margarina, ablandada

¾ taza/6 onzas/175 g de azúcar granulada (superfina), más extra para espolvorear

3 huevos batidos

1½ tazas/6 onzas/175 g de harina con levadura

60 ml/4 cucharadas de mermelada de fresa (en conserva)

Batir la mantequilla o la margarina hasta que quede suave, luego agregar el azúcar hasta que esté suave y esponjosa. Batir poco a poco los huevos y luego añadir la harina. Distribuya la mezcla uniformemente entre dos moldes para sándwich de 7/18 cm untados con mantequilla y forrados. Hornee en horno precalentado a 190°C/375°F/nivel de gas 5 durante unos 20 minutos hasta que suba bien y esté elástico al tacto. Invierta sobre una rejilla para que se enfríe, luego haga un sándwich con mermelada y espolvoree con azúcar.

pastel batido

Hace un pastel de 20 cm/8 pulgadas

2 huevos

1/3 taza/3 onzas/75 g de azúcar en polvo (superfina)

½ taza/2 onzas/50 g de harina común (para todo uso)

120 ml/4 fl oz/½ taza de crema doble (espesa), batida

45 ml/3 cucharadas de mermelada de frambuesa (en conserva)

Azúcar en polvo (en polvo), tamizada

Batir los huevos y el azúcar durante al menos 5 minutos hasta que estén pálidos. Agrega la harina. Vierta en un molde para sándwich de 20 cm/8 cm engrasado y forrado y hornee en un horno precalentado a 190 °C/375 °F/termostato de gas 5 durante 20 minutos hasta que esté elástico al tacto. Dejar enfriar sobre una rejilla.

Cortar el bizcocho por la mitad de forma horizontal, luego disponer las dos mitades en un sándwich con nata y mermelada. Espolvorea azúcar glas por encima.

Pastel de molino de viento

Hace un pastel de 20 cm/8 pulgadas

Para el pastel:

1½ tazas/6 onzas/175 g de harina con levadura

5ml/1 cucharadita de levadura en polvo

¾ taza/6 onzas/175 g de mantequilla o margarina, ablandada

6 oz/175 g/¾ taza de azúcar en polvo (superfina)

3 huevos

5 ml/1 cucharadita de esencia de vainilla (extracto)

Para el glaseado (glaseado):

100 g/4 oz/½ taza de mantequilla o margarina, ablandada

6 oz/175 g/1 taza de azúcar glass, tamizada

75 ml/5 cucharadas de mermelada de fresa (en conserva)

Escamas de azúcar y unas rodajas de naranja y limón confitados (confitados) para decorar

Batir todos los ingredientes del pastel hasta obtener una masa suave. Dividir en dos moldes para pastel de 8/20 cm untados con mantequilla y forrados y hornear en el horno precalentado a 160 °C/325 °F/nivel de gas 3 durante 20 minutos hasta que estén dorados y elásticos al tacto. Dejar enfriar en los moldes durante 5 minutos, luego desmoldar sobre una rejilla para que se enfríe por completo.

Para hacer el glaseado, bate la mantequilla o margarina con el azúcar glas hasta que quede suave. Extienda la mermelada sobre un pastel, luego unte con la mitad del glaseado y coloque el segundo pastel encima. Extienda el glaseado restante sobre la parte superior del pastel y alise con una espátula. Corta un círculo de 20 cm/8 pulgadas de papel encerado y dóblalo en 8 segmentos. Dejando un pequeño círculo en el centro para sujetar el papel en una sola pieza, corta segmentos alternos y coloca el papel encima del pastel como si fuera una plantilla. Espolvorea las secciones descubiertas con pizcas de azúcar, luego retira el papel y coloca las rodajas de naranja y limón formando un bonito patrón sobre las secciones sin decorar.

Rollo suizo

Rinde un rollo de 20 cm/8 pulgadas

3 huevos

1/3 taza/3 onzas/75 g de azúcar en polvo (superfina)

¾ taza/3 onzas/75 g de harina con levadura

Azúcar glas (superfino) para espolvorear

75 ml/5 cucharadas de mermelada de frambuesa (en conserva)

Batir los huevos y el azúcar durante unos 10 minutos hasta que estén muy ligeros y espesos y la mezcla se deslice del batidor en pedazos. Mezcle la harina y vierta en un molde para panecillos suizos de 30 x 20 cm/12 x 8 engrasado y forrado (molde para panecillos de gelatina). Hornee en un horno precalentado a 200 °C/400 °F/termostato de gas 4 durante 10 minutos hasta que haya subido bien y esté firme al tacto. Espolvoree un paño de cocina limpio (paño de cocina) con azúcar glas e invierta el pastel sobre el paño de cocina. Retire el papel de revestimiento, recorte los bordes y pase un cuchillo aproximadamente a una pulgada del borde corto, cortando la mitad del pastel. Enrolla el bizcocho desde el borde cortado. Dejar enfriar.

Desenvolver el bizcocho y untarlo con la mermelada, luego enrollarlo nuevamente y servirlo espolvoreado con azúcar glas.

Rollo de manzana suizo

Rinde un rollo de 20 cm/8 pulgadas

1 taza/4 onzas/100 g de harina común (para todo uso).

5ml/1 cucharadita de levadura en polvo

una pizca de sal

8 onzas/225 g/1 taza de azúcar en polvo (superfina)

3 huevos

5 ml/1 cucharadita de esencia de vainilla (extracto)

45 ml/3 cucharadas de agua fría

Azúcar en polvo (en polvo), tamizada, para espolvorear

4 oz/100 g/1 taza de mermelada de manzana (conservas claras)

Mezclar la harina, el polvo para hornear, la sal y el azúcar, luego agregar los huevos y la esencia de vainilla hasta que quede suave. Mezclar con el agua. Vierta la mezcla en una bandeja para hornear (lata de gelatina) de 30 x 20 cm/12 x 8 pulgadas engrasada y enharinada y hornee en el horno precalentado a 190°C/375°F/nivel de gas 5 durante 20 minutos hasta que tenga un tacto elástico. Espolvoree un paño de cocina limpio (paño de cocina) con azúcar glas e invierta el pastel sobre el paño de cocina. Retire el papel de revestimiento, recorte los bordes y pase un cuchillo aproximadamente a una pulgada del borde corto, cortando la mitad del pastel. Enrolla el bizcocho desde el borde cortado. Dejar enfriar.

Desenrolla el bizcocho y úntalo con mermelada de manzana casi hasta los bordes. Enrollar nuevamente y espolvorear con azúcar glas para servir.

Rollo de castañas al brandy

Rinde un rollo de 20 cm/8 pulgadas

3 huevos

100 g/4 oz/½ taza de azúcar glas (superfina)

1 taza/4 onzas/100 g de harina común (para todo uso).

30ml/2 cucharadas de brandy

Azúcar glas (superfino) para espolvorear

Para el relleno y decoración:

300 ml/½ pt/1¼ tazas de crema doble (espesa)

15 ml/1 cucharada de azúcar glas (superfina).

250g/9oz/1 lata grande de puré de castañas

1½ tazas/6 onzas/175 g de chocolate amargo (semidulce).

½ oz/15 g/1 cucharada de mantequilla o margarina

30ml/2 cucharadas de brandy

Batir los huevos y el azúcar hasta que la mezcla esté ligera y espesa. Agrega suavemente la harina y el brandy con una cuchara de metal. Vierta en un molde para panecillos suizos de 30 x 20 cm/12 x 8 untado con mantequilla y forrado y hornee en un horno precalentado a 220 °C/425 °F/termostato de gas 7 durante 12 minutos. Coloque un paño de cocina (toalla) limpio sobre la superficie de trabajo, cúbralo con una hoja de papel encerado (grasoso) y espolvoree con azúcar glas. Voltea el crayón sobre el papel. Retire el papel de revestimiento, recorte los bordes y pase un cuchillo aproximadamente a una pulgada del borde corto, cortando la mitad del pastel. Enrolla el bizcocho desde el borde cortado. Dejar enfriar.

Para hacer el relleno, bate la nata y el azúcar hasta que quede firme. Tamizar (colar) el puré de castañas y luego batir hasta que quede suave. Añade la mitad de la nata al puré de castañas. Desenrollar el bizcocho y esparcir el puré de castañas por la superficie, luego volver a enrollar el bizcocho. Derretir el chocolate con la mantequilla o margarina y el brandy en un recipiente resistente al calor colocado sobre una cacerola con agua hirviendo. Repartir sobre el bizcocho y marcar los patrones con un tenedor.

Rollo suizo de chocolate

Rinde un rollo de 20 cm/8 pulgadas

3 huevos

1/3 taza/3 onzas/75 g de azúcar en polvo (superfina)

2 oz/50 g/½ taza de harina con levadura

1 oz/25 g/¼ taza de cacao (chocolate sin azúcar) en polvo

Azúcar glas (superfino) para espolvorear

120 ml/4 fl oz/½ taza de crema doble (espesa)

Azúcar en polvo (en polvo) para espolvorear

Batir los huevos y el azúcar durante unos 10 minutos hasta que estén muy ligeros y espesos y la mezcla se deslice por la batidora en tiras. Agregue la harina y el cacao y vierta en una lata de 30 x 20 cm/12 x 8 engrasada y forrada (lata de gelatina). Hornee en un horno precalentado a 200 °C/400 °F/termostato de gas 4 durante 10 minutos hasta que haya subido bien y esté firme al tacto. Espolvoree un paño de cocina limpio (paño de cocina) con azúcar glas e invierta el pastel sobre el paño de cocina. Retire el papel de revestimiento, recorte los bordes y pase un cuchillo aproximadamente a una pulgada del borde corto, cortando la mitad del pastel. Enrolla el bizcocho desde el borde cortado. Dejar enfriar.

Batir la nata hasta que esté firme. Desenvolver el bizcocho y untarlo con nata, luego enrollarlo nuevamente y servirlo espolvoreado con azúcar glas.

rollo de limon

Rinde un rollo de 20 cm/8 pulgadas

3 oz / 75 g / ¾ taza de harina con levadura

5ml/1 cucharadita de levadura en polvo

una pizca de sal

1 huevo

6 oz/175 g/¾ taza de azúcar en polvo (superfina)

15ml/1 cucharada de aceite

5 ml/1 cucharadita de esencia de limón (extracto)

6 claras de huevo

2 oz/50 g/1⁄3 taza de azúcar glass (en polvo), tamizada

75 ml/5 cucharadas de cuajada de limón

300 ml/½ pt/1¼ tazas de crema doble (espesa)

10 ml/2 cucharaditas de ralladura de limón

Mezclar la harina, la levadura en polvo y la sal. Batir el huevo hasta que esté espeso y de color limón, luego incorporar lentamente 2 onzas/50 g/¼ de taza de azúcar en polvo hasta que esté pálido y cremoso. Incorpora el aceite y la esencia de limón. En un recipiente limpio, bata las claras a punto de nieve y luego agregue gradualmente el resto del azúcar glas hasta que se formen picos firmes. Incorpora las claras al aceite y luego agrega la harina. Vierta en un molde para panecillos suizos de 30 x 20 cm/12 x 8 engrasado y forrado y hornee en un horno precalentado a 190 °C/375 °F/nivel de gas 5 durante 10 minutos hasta que esté elástico al tacto. Cubra un paño de cocina limpio (toalla) con una hoja de papel encerado (grasoso) y espolvoree con azúcar glas, luego invierta el pastel sobre el paño. Retire el papel de revestimiento, recorte los bordes y pase un cuchillo a unos 2,5 cm/1 pulgada del borde corto. cortando el pastel por la mitad. Enrolla el bizcocho desde el borde cortado. Dejar enfriar.

Desenrolla el bizcocho y úntalo con la crema de limón. Montar la nata hasta que espese y añadir la ralladura de limón. Unte la cuajada de limón encima y luego vuelva a enrollar el pastel. Dejar enfriar antes de servir.

Rollito de queso con limón y miel

Rinde un rollo de 20 cm/8 pulgadas

3 huevos

1/3 taza/3 onzas/75 g de azúcar en polvo (superfina)

ralladura de 1 limón

¾ de taza/3 onzas/75 g de harina común (para todo uso).

una pizca de sal

Azúcar granulada para espolvorear Para el relleno:

6 oz / 175 g / ¾ taza de queso crema

30 ml/2 cucharadas de miel ligera

Azúcar en polvo (en polvo), tamizada, para espolvorear

Batir los huevos, el azúcar y la ralladura de limón en un recipiente resistente al calor colocado sobre una cacerola con agua hirviendo hasta que esté espeso y esponjoso, y la mezcla se deslice en jirones a lo largo del batidor. Retirar del fuego y batir durante 3 minutos, luego agregar la harina y la sal. Vierta en un molde para panecillos suizos de 30 x 20 cm/ 12 x 8 pulgadas engrasado y forrado y hornee en el horno precalentado a 200 °C/400 °F/nivel de gas 6 hasta que esté dorado y elástico al tacto. Cubra un paño de cocina limpio (toalla) con una hoja de papel encerado (grasoso) y espolvoree con azúcar glas, luego invierta el pastel sobre el paño de cocina. Retire el papel de revestimiento, recorte los bordes y pase un cuchillo a unos 2,5 cm/1 pulgada del borde corto, corte la mitad del pastel. Enrolla el bizcocho desde el borde cortado.

Mezclar el queso crema con la miel. Desenrollar el bizcocho, untar con el relleno, volver a enrollar el bizcocho y espolvorear con azúcar glas.

Rollo de mermelada de lima

Rinde un rollo de 20 cm/8 pulgadas

3 huevos

6 oz/175 g/¾ taza de azúcar en polvo (superfina)

45ml/3 cucharadas de agua

5 ml/1 cucharadita de esencia de vainilla (extracto)

¾ de taza/3 onzas/75 g de harina común (para todo uso).

5ml/1 cucharadita de levadura en polvo

una pizca de sal

1 oz/25 g/¼ taza de almendras picadas

Azúcar glas (superfino) para espolvorear

60 ml/4 cucharadas de mermelada de lima

150 ml/¼ pt/2/3 taza de crema doble (espesa), batida

Batir los huevos hasta que estén suaves y espesos, luego agregar poco a poco el azúcar, el agua y la esencia de vainilla. Mezclar la harina, el polvo para hornear, la sal y las almendras molidas y batir hasta que quede suave. Vierta en un molde para panecillos de gelatina de 30 x 20 cm/12 x 8 engrasado y forrado y hornee en horno precalentado a 180 °C/350 °F/nivel de gas 4 durante 12 minutos hasta que cuaje. el toque. Espolvoree un paño de cocina limpio (paño de cocina) con azúcar e invierta el hot cake sobre el paño de cocina. Retire el papel de revestimiento, recorte los bordes y pase un cuchillo aproximadamente a una pulgada del borde corto, cortando la mitad del pastel. Enrolla el bizcocho desde el borde cortado. Dejar enfriar.

Desenrollar el bizcocho y untarlo con mermelada y nata. Enrollar de nuevo y espolvorear con un poco más de azúcar glas.

Rollito de fresa y limón

Rinde un rollo de 20 cm/8 pulgadas

Para el relleno:

30 ml/2 cucharadas de harina de maíz (almidón de maíz)

1/3 taza/3 onzas/75 g de azúcar en polvo (superfina)

120 ml/4 fl oz/½ taza de jugo de manzana

120 ml/4 fl oz/½ taza de jugo de limón

2 yemas de huevo, ligeramente batidas

10 ml/2 cucharaditas de ralladura de limón

15 ml/1 cucharada de mantequilla

Para el pastel:

3 huevos, separados

3 claras de huevo

una pizca de sal

1/3 taza/3 onzas/75 g de azúcar en polvo (superfina)

15ml/1 cucharada de aceite

5 ml/1 cucharadita de esencia de vainilla (extracto)

5 ml/1 cucharadita de ralladura de limón

½ taza/2 onzas/50 g de harina común (para todo uso)

¼ de taza/1 oz/25 g de harina de maíz (almidón de maíz)

8 oz/225 g de fresas, en rodajas

Azúcar en polvo (en polvo), tamizada, para espolvorear

Para hacer el relleno, mezcle la harina de maíz y el azúcar en una sartén, luego agregue poco a poco la manzana y el jugo de limón. Agrega las yemas de huevo y la ralladura de limón. Cocine a fuego lento, revolviendo constantemente, hasta que esté muy espeso. Retirar del fuego y agregar la mantequilla. Vierta en un bol, coloque un círculo de papel de horno (engrasado) en la superficie, enfríe y luego enfríe.

Para hacer la tarta, batir todas las claras con la sal hasta que se formen picos suaves. Agrega poco a poco el azúcar hasta que la mezcla esté firme y brillante. Batir las yemas, el aceite, la esencia de vainilla y la ralladura de limón. Agregue una cucharada de claras de huevo, luego mezcle la mezcla de yemas con las claras. Agrega la harina y la maicena; No mezcle demasiado. Extienda la mezcla en un molde para panecillos suizos de 30 x 20 cm/ 12 x 8 pulgadas engrasado, forrado y enharinado y hornee en el horno precalentado a 200 °C/400 °F/termostato 4 durante 10 minutos… Invierta el pastel sobre una hoja de papel encerado (grasoso) colocada sobre una rejilla. Retire el papel de revestimiento, recorte los bordes y pase un cuchillo a unos 2,5 cm/1 pulgada del borde corto, corte la mitad del pastel. Enrolla el bizcocho desde el borde cortado. Dejar enfriar.

Desenrolla y unta la tarta fría con el relleno de limón y coloca encima las fresas. Con ayuda del papel, enrollar nuevamente el rollo y espolvorearlo con azúcar glas y servir.

Rollo suizo de naranja y almendras

Rinde un rollo de 20 cm/8 pulgadas

4 huevos, separados

8 onzas/225 g/1 taza de azúcar en polvo (superfina)

60 ml/4 cucharadas de zumo de naranja

1¼ tazas/5 onzas/150 g de harina común (para todo uso).

5ml/1 cucharadita de levadura en polvo

una pizca de sal

5 ml/1 cucharadita de esencia de vainilla (extracto)

Ralladura de ½ naranja

Azúcar glas (superfino) para espolvorear

Para el relleno:

2 naranjas

30 ml/2 cucharadas de gelatina en polvo

120 ml/4 fl oz/½ taza de agua

250 ml/8 fl oz/1 taza de jugo de naranja

100 g/4 oz/½ taza de azúcar glas (superfina)

4 yemas de huevo

250 ml/8 fl oz/1 taza de crema doble (espesa)

1⁄3 taza/4 oz/100 g de mermelada de albaricoque (enlatada), tamizada (filtrada)

15 ml/1 cucharada de agua

4 oz/100 g/1 taza de almendras en hojuelas (en rodajas), tostadas

Batir las yemas, el azúcar glas y el jugo de naranja hasta que estén suaves y esponjosos. Agrega poco a poco la harina y la levadura en polvo con una cuchara de metal. Batir las claras con la sal a punto nieve, luego agregarlas a la mezcla con la esencia de vainilla y la ralladura de naranja con una cuchara de metal. Vierta en un molde para panecillos suizos de 30 x 20 cm/12 x 8 engrasado y forrado y hornee en el horno precalentado a 200 °C/400 °F/nivel de gas 6 durante 10 minutos hasta que esté elástico al tacto. Conviértalo en un paño de cocina limpio (paño de cocina), espolvoreado con azúcar glas. Retire el papel de revestimiento, recorte los bordes y pase un cuchillo aproximadamente a una pulgada del borde corto, cortando la mitad del pastel. Enrolla el bizcocho desde el borde cortado. Dejar enfriar.

Para hacer el relleno, ralla la piel de una naranja. Pelar ambas naranjas y quitarles la piel y las membranas. Cortar las rodajas por la mitad y dejar escurrir. Espolvorear la gelatina sobre el agua en un bol y dejar hasta que esté espumosa. Coloca el recipiente en una cacerola con agua caliente hasta que se disuelva. Dejar enfriar un poco. Batir el jugo y la ralladura de naranja con el azúcar y las yemas de huevo en un recipiente resistente al calor, colocar sobre una cacerola con agua hirviendo, hasta que esté espeso y cremoso. Retirar del fuego y añadir la gelatina. Revuelva ocasionalmente hasta que se enfríe. Montar la nata hasta que esté firme, luego añadirla a la mezcla y reservar en el frigorífico.

Desenrollar el bizcocho, untarlo con la crema de naranja y espolvorear con los gajos de naranja. Enrollar de nuevo. Calentar la mermelada con el agua hasta que estén bien combinados. Pincelamos el bizcocho y espolvoreamos con las almendras tostadas presionando suavemente.

Rollito suizo de fresa espalda con espalda

Rinde un rollo de 20 cm/8 pulgadas

3 huevos

3 onzas/75 g/1/3 taza de azúcar en polvo (superfina)

¾ taza/3 onzas/75 g de harina con levadura

Azúcar glas (superfino) para espolvorear

75 ml/5 cucharadas de mermelada de frambuesa (en conserva)

150ml/¼ pt/2/3 taza de crema batida o doble (espesa).

100 gramos de fresas

Batir los huevos y el azúcar durante unos 10 minutos hasta que estén muy ligeros y espesos y la mezcla se deslice por la batidora en tiras. Mezcle la harina y vierta en un molde para panecillos suizos de 30 x 20 cm/12 x 8 engrasado y forrado (molde para panecillos de gelatina). Hornee en un horno precalentado a 200 °C/400 °F/termostato de gas 4 durante 10 minutos hasta que haya subido bien y esté firme al tacto. Espolvoree un paño de cocina limpio (paño de cocina) con azúcar glas e invierta el pastel sobre el paño de cocina. Retire el papel de revestimiento, recorte los bordes y pase un cuchillo aproximadamente a una pulgada del borde corto, cortando la mitad del pastel. Enrolla el bizcocho desde el borde cortado. Dejar enfriar.

Desenvuelva el bizcocho y unte con mermelada, luego enrolle nuevamente. Corta el pastel por la mitad a lo largo y coloca los lados redondeados juntos en un plato para servir con los lados cortados hacia afuera. Batir la crema hasta que esté firme y luego rociar sobre la parte superior y los lados del pastel. Corta en rodajas o cuartos las fresas si son grandes y colócalas decorativamente encima del bizcocho.

Tarta de chocolate todo en uno

Hace un pastel de 20 cm/8 pulgadas

100 g/4 oz/½ taza de mantequilla o margarina, ablandada

100 g/4 oz/½ taza de azúcar glas (superfina)

4 oz/100 g/1 taza de harina con levadura

15 ml/1 cucharada de cacao (chocolate sin azúcar) en polvo

2,5 ml/½ cucharadita de levadura en polvo

2 huevos

Licúa todos los ingredientes hasta que estén bien combinados. Vierta en un molde para pastel de 20 cm/8 cm untado con mantequilla y forrado y hornee en un horno precalentado a 180 °C/350 °F/termostato 4 durante 30 minutos hasta que esté bien levado y elástico al tacto.

Pan de chocolate y banana

Rinde un pan de 900 g/2 lb

5 oz/150 g/2/3 taza de mantequilla o margarina

5 oz / 150 g / 2/3 taza de azúcar moreno suave

5 oz/1¼ tazas/150 g de chocolate amargo (semidulce).

2 plátanos, triturados

3 huevos batidos

1¾ tazas/7 onzas/200 g de harina común (para todo uso).

10 ml/2 cucharaditas de levadura en polvo

Derretir la mantequilla o margarina con el azúcar y el chocolate. Retire del fuego y luego agregue los plátanos, los huevos, la harina y el polvo para hornear hasta que quede suave. Vierta en un molde para pan de 900 g/2 lb engrasado y forrado y hornee en un horno precalentado a 150 °C/300 °F/nivel de gas 3 durante 1 hora hasta que esté elástico al tacto. Dejar enfriar en el molde durante 5 minutos antes de desmoldar para terminar de enfriar sobre una rejilla.

Tarta de chocolate y almendras

Hace un pastel de 20 cm/8 pulgadas

100 g/4 oz/½ taza de mantequilla o margarina, ablandada

100 g/4 oz/½ taza de azúcar glas (superfina)

2 huevos, ligeramente batidos

2,5 ml/½ cucharadita de esencia de almendras (extracto)

4 oz/100 g/1 taza de harina con levadura

1 oz/25 g/¼ taza de cacao (chocolate sin azúcar) en polvo

2,5 ml/½ cucharadita de levadura en polvo

45 ml/3 cucharadas de almendras picadas

60 ml/4 cucharadas de leche

Azúcar en polvo (glas) para espolvorear

Batir la mantequilla o margarina y el azúcar hasta que esté suave y esponjosa. Agrega poco a poco los huevos y la esencia de almendras, luego agrega la harina, el cacao y la levadura. Agrega las almendras picadas y suficiente leche para obtener una consistencia suave. Vierta la mezcla en un molde para pasteles (molde para hornear) de 8/20 cm untado con mantequilla y forrado y hornee en el horno precalentado a 200°C/200°C/nivel de gas 6 durante 15-20 minutos hasta que esté bien cocido y suave. Servir espolvoreado con azúcar glas.

Tarta helada de chocolate y almendras

Hace un pastel de 23 cm/9 pulgadas

8 oz/225 g/2 tazas de chocolate amargo (semidulce).

8 onzas/225 g/1 taza de mantequilla o margarina, ablandada

8 onzas/225 g/1 taza de azúcar en polvo (superfina)

5 huevos, separados

8 oz/225 g/2 tazas de harina con levadura

4 oz/100 g/1 taza de almendras picadas

Para el glaseado (glaseado):

175 g/6 oz/1 taza de azúcar glas (glaseado)

1 oz/25 g/¼ taza de cacao (chocolate sin azúcar) en polvo

30 ml/2 cucharadas de Cointreau

30 ml/2 cucharadas de agua

Almendras peladas para decorar

Derrita el chocolate en un recipiente resistente al calor colocado sobre una cacerola con agua hirviendo. Dejar enfriar un poco. Batir la mantequilla o margarina y el azúcar hasta que esté suave y esponjosa. Batir las yemas y luego verter el chocolate derretido. Agrega la harina y las almendras picadas. Batir las claras a punto de nieve y luego incorporarlas poco a poco a la mezcla de chocolate. Vierta en un molde para pastel de fondo suelto de 23 cm/9 pulgadas untado con mantequilla y forrado y hornee en un horno precalentado a 180 °C/350 °F/nivel de gas 4 durante 1 ¼ horas hasta que esté inflado y elástico al tacto. Dejar enfriar.

Para hacer el glaseado, mezcla el azúcar glas y el cacao y haz un hueco en el centro. Calienta el Cointreau y el agua, luego mezcla gradualmente suficiente líquido con el azúcar glas para hacer un glaseado untable. Alisa el pastel y marca un patrón en el glaseado antes de que se enfríe. Decorar con almendras.

Pastel de ángel de chocolate

Rinde un pastel de 900 g/2 lb

6 claras de huevo

una pizca de sal

5ml/1 cucharadita de crémor tártaro

450 g/1 libra/2 tazas de azúcar glas (superfina)

2,5 ml/½ cucharadita de jugo de limón

Unas gotas de esencia de vainilla (extracto)

1 taza/4 onzas/100 g de harina común (para todo uso).

2 oz/50 g/½ taza de cacao (chocolate sin azúcar) en polvo

5ml/1 cucharadita de levadura en polvo

Para el glaseado (glaseado):

6 oz/175 g/1 taza de azúcar glass, tamizada

5 ml/1 cucharadita de cacao (chocolate sin azúcar) en polvo

Unas gotas de esencia de vainilla (extracto)

30 ml/2 cucharadas de leche

Batir las claras y la sal hasta que se formen picos suaves. Añade el crémor tártaro y bate hasta que esté firme. Agrega el azúcar, el jugo de limón y la esencia de vainilla. Mezclar la harina, el cacao y la levadura en polvo, luego incorporarlos a la mezcla. Vierta en un molde para pastel de 900 g/2 lb engrasado y forrado y hornee en el horno precalentado a 180 °C/350 °F/nivel de gas 4 durante 1 hora hasta que cuaje. Retirar de la sartén inmediatamente y dejar enfriar sobre una rejilla.

Para preparar el glaseado, mezcla todos los ingredientes del glaseado hasta que quede suave, agregando la leche poco a poco. Vierta sobre el pastel enfriado.

pastel de chocolate americano

Hace un pastel de 23 cm/9 pulgadas

1½ tazas/6 onzas/175 g de harina (para todo uso)

45 ml/3 cucharadas de cacao (chocolate sin azúcar) en polvo

5 ml/1 cucharadita de bicarbonato de sodio (bicarbonato de sodio)

8 onzas/225 g/1 taza de azúcar en polvo (superfina)

75 ml/5 cucharadas de aceite

15 ml/1 cucharada de vinagre de vino blanco

5 ml/1 cucharadita de esencia de vainilla (extracto)

250 ml/8 fl oz/1 taza de agua fría

Para el glaseado (glaseado):

2 oz / 50 g / ¼ taza de queso crema

30 ml/2 cucharadas de mantequilla o margarina

2,5 ml/½ cucharadita de esencia de vainilla (extracto)

6 oz/175 g/1 taza de azúcar glass, tamizada

Mezclar los ingredientes secos y hacer un hueco en el centro. Vierta el aceite, el vinagre de vino y la esencia de vainilla y mezcle bien. Agrega el agua fría y mezcla nuevamente hasta que quede suave. Vierta en un molde para hornear engrasado de 23 cm/9 pulgadas y hornee en un horno precalentado a 180 °C/350 °F/termostato de gas 4 durante 30 minutos. Dejar enfriar.

Para hacer el glaseado, mezcla el queso crema, la mantequilla o margarina y la esencia de vainilla hasta que quede suave y esponjoso. Incorpora poco a poco el azúcar glas hasta que quede suave. Extender sobre el pastel.

Pastel De Manzana Y Chocolate

Hace un pastel de 20 cm/8 pulgadas

2 manzanas cocidas (ácidas)

Jugo de limon

100 g/4 oz/½ taza de mantequilla o margarina, ablandada

8 onzas/225 g/1 taza de azúcar en polvo (superfina)

2 huevos, ligeramente batidos

5 ml/1 cucharadita de esencia de vainilla (extracto)

2¼ tazas/9 onzas/250 g de harina común (para todo uso).

1 oz/25 g/¼ taza de cacao (chocolate sin azúcar) en polvo

5ml/1 cucharadita de levadura en polvo

5 ml/1 cucharadita de bicarbonato de sodio (bicarbonato de sodio)

150 ml/¼ pt/2/3 taza de leche

                    Para el glaseado (glaseado):

1 libra/450 g/22/3 tazas de azúcar glass, tamizada

1 oz/25 g/¼ taza de cacao (chocolate sin azúcar) en polvo

2 oz/50 g/¼ taza de mantequilla o margarina

75 ml/5 cucharadas de leche

Pelar, descorazonar y picar finamente las manzanas, luego condimentarlas con un poco de jugo de limón. Batir la mantequilla o margarina y el azúcar hasta que esté suave y esponjosa. Incorpora poco a poco los huevos y la esencia de vainilla, luego agrega la harina, el cacao, el polvo para hornear y el bicarbonato de sodio alternativamente con la leche hasta que estén bien combinados. Agrega las manzanas picadas. Vierta en un molde para pastel de 20 cm/8 pulgadas untado con mantequilla y forrado y hornee en un horno precalentado a 180 °C/350 °F/termostato 4 durante 45 minutos hasta que al insertar un palillo en el centro, éste salga limpio. Deje enfriar en el molde durante 10 minutos, luego colóquelo sobre una rejilla para terminar de enfriar.

Para hacer el glaseado, mezcla el azúcar glas, el cacao y la mantequilla o margarina y agrega suficiente leche para que la mezcla quede suave y cremosa. Distribuya sobre la parte superior y los lados del pastel y marque patrones con un tenedor.

Pastel de brownie de chocolate

Hace un pastel de 15 x 10 pulgadas/38 x 25 cm

100 g/4 oz/½ taza de mantequilla o margarina

100 g/4 oz/½ taza de manteca vegetal (manteca vegetal)

250 ml/8 fl oz/1 taza de agua

1 oz/25 g/¼ taza de cacao (chocolate sin azúcar) en polvo

8 onzas/2 tazas/225 g de harina (para todo uso)

450 g/1 libra/2 tazas de azúcar glas (superfina)

120 ml/4 fl oz/½ taza de suero de leche

2 huevos batidos

5 ml/1 cucharadita de bicarbonato de sodio (bicarbonato de sodio)

una pizca de sal

5 ml/1 cucharadita de esencia de vainilla (extracto)

En un cazo derretir la mantequilla o margarina, la manteca de cerdo, el agua y el cacao. Mezclar la harina y el azúcar en un bol, verter la mezcla disuelta y mezclar bien. Agrega los ingredientes restantes y bate hasta que estén bien combinados. Vierta en un molde para panecillos de gelatina untado con mantequilla y enharinado y hornee en el horno precalentado a 200°C/400°F/nivel de gas 6 durante 20 minutos hasta que esté elástico al tacto.

Pastel de chocolate amargo

Hace un pastel de 23 cm/9 pulgadas

8 oz/225 g/2 tazas de harina con levadura

12 oz/350 g/1½ taza de azúcar glas (superfina)

5 ml/1 cucharadita de bicarbonato de sodio (bicarbonato de sodio)

2,5ml/½ cucharadita de sal

100 g/4 oz/½ taza de mantequilla o margarina

250 ml/8 fl oz/1 taza de suero de leche

2 huevos

2 oz/50 g/½ taza de cacao (chocolate sin azúcar) en polvo

glaseado de terciopelo americano

Mezclar harina, azúcar, bicarbonato de sodio y sal. Frote la mantequilla o margarina hasta que la mezcla parezca pan rallado, luego agregue el suero de leche, los huevos y el cacao y continúe batiendo hasta que quede suave. Divida la mezcla en dos moldes para pastel de 9/23 cm untados con mantequilla y forrados y hornee en el horno precalentado a 180°C/350°F/nivel de gas 4 durante 30 minutos hasta que al insertar un palillo en el centro, éste salga limpio. Coloque la mitad del glaseado de terciopelo americano en un sándwich y cubra el pastel con el resto. Dejalo descansar.

Tarta de chocolate y almendras

Hace un pastel de 20 cm/8 pulgadas

¾ taza/6 onzas/175 g de mantequilla o margarina, ablandada

6 oz/175 g/¾ taza de azúcar en polvo (superfina)

3 huevos, ligeramente batidos

8 oz/225 g/2 tazas de harina con levadura

2 oz/50 g/½ taza de almendras picadas

4 oz/100 g/1 taza de chispas de chocolate

30 ml/2 cucharadas de leche

¼ de taza/1 oz/25 g de almendras en hojuelas (en rodajas)

Batir la mantequilla o margarina y el azúcar hasta que esté suave y esponjosa. Agrega poco a poco los huevos, luego agrega la harina, las almendras picadas y las chispas de chocolate. Agrega suficiente leche para darle una consistencia líquida, luego agrega las almendras en hojuelas. Vierta en un molde para pastel de 20 cm/8 pulgadas untado con mantequilla y forrado y hornee en un horno precalentado a 180 °C/350 °F/termostato 4 durante 1 hora hasta que al insertar un palillo en el centro, éste salga limpio. Dejar enfriar en el molde durante 5 minutos, luego desmoldar sobre una rejilla para que termine de enfriarse.

Pastel De Crema De Chocolate

Hace un pastel de 18 cm/7 pulgadas

4 huevos

100 g/4 oz/½ taza de azúcar glas (superfina)

2½ oz/60 g/2/3 taza de harina común (para todo uso).

1 oz/25 g/¼ taza de chocolate para beber en polvo

150 ml/¼ pt/2/3 taza de crema doble (espesa)

Batir los huevos y el azúcar hasta que estén suaves y esponjosos. Agrega la harina y el chocolate para beber. Divida la mezcla en dos moldes para sándwich de 7/18 cm untados con mantequilla y forrados y hornee en el horno precalentado a 200 °C/400 °F/nivel de gas 6 durante 15 minutos hasta que esté elástico al tacto. Dejar enfriar sobre una rejilla. Montar la nata hasta que esté firme, luego hacer un sándwich con las tartas junto con la nata.

Tarta de chocolate con dátiles

Hace un pastel de 20 cm/8 pulgadas

1 oz/25 g/1 cuadrito de chocolate regular (semidulce).

175 g/6 onzas/1 taza de dátiles sin hueso (sin hueso), picados

5 ml/1 cucharadita de bicarbonato de sodio (bicarbonato de sodio)

13 fl oz/375 ml/1½ taza de agua hirviendo

¾ taza/6 onzas/175 g de mantequilla o margarina, ablandada

8 onzas/225 g/1 taza de azúcar en polvo (superfina)

2 huevos batidos

1½ tazas/6 onzas/175 g de harina (para todo uso)

2,5ml/½ cucharadita de sal

2 oz/50 g/¼ taza de azúcar granulada

4 oz/100 g/1 taza de chispas de chocolate sin sabor (semidulce)

Combina el chocolate, los dátiles, el bicarbonato de sodio y el agua hirviendo y revuelve hasta que el chocolate se derrita. Batir la mantequilla o margarina y el azúcar hasta que esté suave y esponjosa. Agrega los huevos poco a poco. Agrega la harina y la sal alternativamente con la mezcla de chocolate y mezcla hasta que estén bien combinados. Vierta en un molde para pastel cuadrado de 20 cm/8 cm untado con mantequilla y enharinado. Mezclar el azúcar granulada y las chispas de chocolate y espolvorear por encima. Hornee en el horno precalentado a 160 °C/325 °F/termostato 3 durante 45 minutos hasta que al insertar un palillo en el centro, éste salga limpio.

Pastel de chocolate familiar

Hace un pastel de 23 cm/9 pulgadas

100 g/4 oz/½ taza de mantequilla o margarina, ablandada

6 oz/175 g/¾ taza de azúcar en polvo (superfina)

2 huevos, ligeramente batidos

5 ml/1 cucharadita de esencia de vainilla (extracto)

8 onzas/2 tazas/225 g de harina (para todo uso)

45 ml/3 cucharadas de cacao (chocolate sin azúcar) en polvo

10 ml/2 cucharaditas de levadura en polvo

2,5 ml/½ cucharadita de bicarbonato de sodio (bicarbonato de sodio)

una pizca de sal

150 ml/8 fl oz/1 taza de agua

Batir la mantequilla o margarina y el azúcar hasta que esté suave y esponjosa. Agrega poco a poco los huevos y la esencia de vainilla, luego agrega la harina, el cacao, el polvo para hornear, el bicarbonato y la sal alternando con el agua hasta que quede suave. Vierta en un molde para pastel de 9/23 cm untado con mantequilla y forrado y hornee en un horno precalentado a 220 °C/425 °F/nivel de gas 7 durante 20-25 minutos hasta que esté bien leudado y elástico al tacto.

Pastel del diablo con glaseado de malvavisco

Hace un pastel de 18 cm/7 pulgadas

100 g/4 oz/½ taza de mantequilla o margarina, ablandada

100 g/4 oz/½ taza de azúcar glas (superfina)

2 huevos, ligeramente batidos

1/3 taza/3 oz/75 g de harina con levadura

15 ml/1 cucharada de cacao (chocolate sin azúcar) en polvo

una pizca de sal

                      Para el glaseado (glaseado):

4 onzas / 100 g de malvaviscos

30 ml/2 cucharadas de leche

2 claras de huevo

1 oz/25 g/2 cucharadas de azúcar en polvo (superfina).

Chocolate rallado para decorar

Batir la mantequilla o margarina y el azúcar hasta que esté suave y esponjosa. Batir poco a poco los huevos, luego añadir la harina, el cacao y la sal. Divida la mezcla entre dos moldes para hornear de 18 cm engrasados y forrados y hornee en un horno precalentado a

180°C/350°F/nivel de gas 4 durante 25 minutos hasta que esté bien levado y elástico al tacto. Dejar enfriar.

Derretir los malvaviscos en la leche a fuego lento, revolviendo ocasionalmente, luego dejar enfriar. Batir las claras a punto de nieve, luego añadir el azúcar y volver a batir hasta que estén firmes y brillantes. Agregue a la mezcla de malvaviscos y déjelo reposar un poco. Combine también los pasteles con un tercio del glaseado de malvavisco, luego esparza el resto por la parte superior y los lados del pastel y decore con chocolate rallado.

pastel de chocolate de ensueño

Hace un pastel de 23 cm/9 pulgadas

8 oz/225 g/2 tazas de chocolate amargo (semidulce).

30 ml/2 cucharadas de café instantáneo en polvo

45ml/3 cucharadas de agua

4 huevos, separados

5 onzas/150 g/2/3 taza de mantequilla o margarina, cortada en cubitos

una pizca de sal

100 g/4 oz/½ taza de azúcar glas (superfina)

50 g/2 oz/½ taza de harina de maíz (almidón de maíz)

Para decoración:

150 ml/¼ pt/2/3 taza de crema doble (espesa)

1 oz/25 g/3 cucharadas de azúcar en polvo

1½ tazas/6 onzas/175 g de nueces picadas

Derrita el chocolate, el café y el agua en un recipiente resistente al calor colocado sobre una cacerola con agua hirviendo. Retirar del fuego y añadir poco a poco las yemas. Agrega la mantequilla poco a poco hasta que se derrita en la mezcla. Batir las claras y la sal hasta que se formen picos suaves. Agrega con cuidado el azúcar y bate hasta que espese. Incorpora la harina de maíz. Incorpora una cucharada de la mezcla al chocolate y luego incorpora el chocolate a las claras de huevo restantes. Vierta en un molde para pastel de 23 cm/9 cm untado con mantequilla y forrado y hornee en un horno precalentado a 180 °C/350 °F/termostato 4 durante 45 minutos hasta que esté bien levado y ligeramente elástico al tacto. Retirar del horno y dejar enfriar un poco antes de desmoldar; el pastel se agrietará y se hundirá.

Batir la nata hasta que esté firme, luego añadir el azúcar. Unta un poco de crema por el borde del bizcocho y presiona las nueces picadas para decorar. Untar o colocar encima el resto de la nata.

pastel de chocolate flotante

Rinde un pastel de 23 x 30 cm/9 x 12 pulgadas

2 huevos, separados

12 oz/350 g/1½ taza de azúcar glas (superfina)

1¾ tazas/7 onzas/200 g de harina con levadura

2,5 ml/½ cucharadita de bicarbonato de sodio (bicarbonato de sodio)

2,5ml/½ cucharadita de sal

60 ml/4 cucharadas de cacao (chocolate sin azúcar) en polvo

75 ml/5 cucharadas de aceite

250 ml/8 fl oz/1 taza de suero de leche

Batir las claras a punto de nieve. Agregue gradualmente 100 g/4 oz/½ taza de azúcar y bata hasta que esté espeso y brillante. Mezclar el resto del azúcar, la harina, el bicarbonato, la sal y el cacao. Batir las yemas, el aceite y el suero de leche. Agrega con cuidado las claras. Vierta en un molde para pastel de 23 x 32 cm/9 x 12 cm untado con mantequilla y enharinado y hornee en el horno precalentado a 180 °C/350 °F/nivel de gas 4 durante 40 minutos hasta que al insertar un palillo en el centro salga. limpio.

Tarta de avellanas y chocolate

Hace una tarta de 10/25 cm.

4 oz/100 g/1 taza de avellanas

6 oz/175 g/¾ taza de azúcar en polvo (superfina)

1½ tazas/6 onzas/175 g de harina (para todo uso)

2 oz/50 g/½ taza de cacao (chocolate sin azúcar) en polvo

5ml/1 cucharadita de levadura en polvo

una pizca de sal

2 huevos, ligeramente batidos

2 claras de huevo

6 onzas líquidas/175 ml/¾ taza de aceite

60 ml/4 cucharadas de café negro fuerte y frío

Extiende las avellanas en una bandeja de horno (bandeja de horno) y hornea en el horno precalentado a 180°C/350°F/nivel de gas 4 durante 15 minutos hasta que estén doradas. Frote vigorosamente sobre un paño de cocina (toalla) para quitar la piel, luego pique finamente las nueces en un procesador de alimentos con 15ml/1 cucharada de azúcar. Mezclar las nueces con la harina, el cacao, la levadura y la sal. Batir los huevos y las claras hasta que estén espumosos. Agrega el azúcar restante poco a poco y continúa batiendo hasta que esté pálido. Agrega poco a poco el aceite y luego el café. Añade los ingredientes secos, luego vierte en un molde para pastel de 25 cm/10 engrasado, forrado y con fondo suelto y hornea en el horno precalentado a 180 °C/350 °F/nivel de gas 4 durante 30 minutos hasta que cuaje. .

Pastel de chocolate

Rinde un pastel de 900 g/2 lb

60 ml/4 cucharadas de cacao (chocolate sin azúcar) en polvo

100 g/4 oz/½ taza de mantequilla o margarina

120 ml/4 fl oz/½ taza de aceite

250 ml/8 fl oz/1 taza de agua

12 oz/350 g/1½ taza de azúcar glas (superfina)

8 oz/225 g/2 tazas de harina con levadura

2 huevos batidos

120 ml/4 fl oz/½ taza de leche

2,5 ml/½ cucharadita de bicarbonato de sodio (bicarbonato de sodio)

5 ml/1 cucharadita de esencia de vainilla (extracto)

Para el glaseado (glaseado):

60 ml/4 cucharadas de cacao (chocolate sin azúcar) en polvo

100 g/4 oz/½ taza de mantequilla o margarina

60 ml/4 cucharadas de leche evaporada

1 libra/450 g/22/3 tazas de azúcar glass, tamizada

5 ml/1 cucharadita de esencia de vainilla (extracto)

4 oz/100 g/1 taza de chocolate amargo (semidulce).

Colocar en un cazo el cacao, la mantequilla o margarina, el aceite y el agua y llevar a ebullición. Retirar del fuego y añadir el azúcar y la harina. Batir los huevos, la leche, el bicarbonato de sodio y la esencia de vainilla, luego agregar a la mezcla en la sartén. Vierta en un molde para pan de 900 g/2 lb engrasado y forrado y hornee en un horno precalentado a 180 °C/350 °F/nivel de gas 4 durante 1 ¼ horas hasta que esté bien levado y elástico al tacto. Desmoldar y enfriar sobre una rejilla.

Para preparar el glaseado, hierva todos los ingredientes en una cacerola mediana. Batir hasta que quede suave y luego verter sobre el bizcocho mientras aún esté caliente. Dejalo descansar.

Pastel de chocolate

Hace un pastel de 23 cm/9 pulgadas

5 oz/1¼ tazas/150 g de chocolate amargo (semidulce).

5 onzas/150 g/2/3 taza de mantequilla o margarina, ablandada

5 oz/150 g/2/3 taza de azúcar en polvo (superfina).

3 oz/75 g/¾ taza de almendras picadas

3 huevos, separados

1 taza/4 onzas/100 g de harina común (para todo uso).

Para el relleno y relleno:

300 ml/½ pt/1¼ tazas de crema doble (espesa)

7 onzas/200 g/1¾ tazas de chocolate amargo (semidulce), picado

chispas de chocolate desmenuzadas

Derrita el chocolate en un recipiente resistente al calor sobre una cacerola con agua hirviendo. Batir la mantequilla o margarina y el azúcar, luego incorporar el chocolate, las almendras y las yemas de huevo. Batir las claras a punto de nieve y luego incorporarlas a la mezcla con una cuchara de metal. Agrega con cuidado la harina. Vierta en un molde para pastel engrasado de 23 cm/9 pulgadas y hornee en un horno precalentado a 180°C/350°F/nivel de gas 4 durante 40 minutos, hasta que esté elástico al tacto.

Mientras tanto, llevar a ebullición la nata, luego añadir el chocolate picado y remover hasta que se derrita. Dejar enfriar. Cuando el bizcocho esté cocido y enfriado, córtalo horizontalmente y añade sal junto con la mitad de la crema de chocolate. Extiende el resto por encima y decora con hojuelas de chocolate desmenuzado.

pastel de chocolate italiano

Hace un pastel de 23 cm/9 pulgadas

100 g/4 oz/½ taza de mantequilla o margarina

8 oz/225 g/1 taza de azúcar moreno suave

30 ml/2 cucharadas de cacao (chocolate sin azúcar) en polvo

3 huevos bien batidos

3 oz/75 g/¾ taza de chocolate amargo (semidulce).

150 ml/4 fl oz/½ taza de agua hirviendo

14 oz/400 g/3½ tazas de harina común (para todo uso).

5ml/1 cucharadita de levadura en polvo

una pizca de sal

10 ml/2 cucharaditas de esencia de vainilla (extracto)

6 fl oz/175 ml/¾ taza de crema natural (light).

150 ml/¼ pt/2/3 taza de crema doble (espesa)

Crema de mantequilla o margarina, azúcar y cacao. Agrega los huevos poco a poco. Derrita el chocolate en el agua hirviendo y luego agréguelo a la mezcla. Agrega la harina, la levadura y la sal. Incorpora la esencia de vainilla y la nata. Divida en dos moldes para pastel de 9/23 cm enmantecados y forrados y hornee en un horno precalentado a 180°C/350°F/nivel de gas 4 durante 25 minutos hasta que suba y esté elástico al tacto. Dejar enfriar en los moldes durante 5 minutos, luego desmoldar sobre una rejilla para que se enfríe por completo. Batir la nata doble hasta que esté firme y luego utilizarla para combinar los pasteles.

Tarta helada de chocolate y avellanas

Hace un pastel de 23 cm/9 pulgadas

1¼ tazas/5 onzas/150 g de avellanas sin piel

8 oz/225 g/1 taza de azúcar granulada

15 ml/1 cucharada de café instantáneo en polvo

60ml/4 cucharadas de agua

1½ tazas/6 onzas/175 g de chocolate amargo (semidulce), partido

5 ml/1 cucharadita de esencia de almendras (extracto)

100 g/4 oz/½ taza de mantequilla o margarina, ablandada

8 huevos, separados

45 ml/3 cucharadas de migas de galleta digestiva (galletas Graham)

Para el glaseado (glaseado):

1½ tazas/6 onzas/175 g de chocolate amargo (semidulce), partido

60ml/4 cucharadas de agua

15 ml/1 cucharada de café instantáneo en polvo

8 onzas/225 g/1 taza de mantequilla o margarina, ablandada

3 yemas de huevo

175 g/6 oz/1 taza de azúcar glas (glaseado)

Chocolate rallado para decorar (opcional)

Tuesta las avellanas en una sartén seca hasta que estén ligeramente doradas, agitando la sartén de vez en cuando, luego muele hasta que estén bien finas. Reserva 45ml/3 cucharadas para el glaseado.

Disolver el azúcar y el café en el agua a fuego lento, revolviendo durante 3 minutos. Retirar del fuego y agregar el chocolate y la esencia de almendras. Revuelva hasta que se derrita y quede suave, luego deje enfriar un poco. Batir la mantequilla o la margarina hasta que esté suave y esponjosa, luego incorporar gradualmente las yemas de huevo. Añade las avellanas y las migas de galleta. Batir las claras a punto de nieve y luego incorporarlas a la mezcla. Divida en dos moldes para pastel de 9/23 cm untados con mantequilla y forrados y hornee en un horno precalentado a 180°C/350°F/nivel de gas 4 durante 25 minutos hasta que el pastel comience a encogerse de los lados del molde. y se siente elástico al tacto.

Para hacer el glaseado, derrita el chocolate, el agua y el café a fuego lento, revolviendo hasta que quede suave. Dejar enfriar. Batir la mantequilla o la margarina hasta que esté suave y esponjosa. Agrega poco a poco las yemas de huevo y luego la mezcla de chocolate. Batir el azúcar glas. Deje enfriar hasta obtener una consistencia untable.

Une los pasteles con la mitad del glaseado, luego extiende la mitad restante por los lados del pastel y presiona las avellanas reservadas por los lados. Cubre la parte superior del pastel con una fina capa de glaseado y decora rosetas de glaseado alrededor del borde. Decora al gusto con chocolate rallado.

Tarta italiana de chocolate y crema de brandy

Hace un pastel de 23 cm/9 pulgadas

14 oz/400 g/3½ tazas de chocolate amargo (semidulce).

14 fl oz/400 ml/1¾ taza de crema doble (espesa)

600 ml/1 pt/2½ tazas de café negro fuerte y frío

75 ml/5 cucharadas de brandy o amaretto

400g/14oz de bizcocho

Derrita el chocolate en un recipiente resistente al calor colocado sobre una cacerola con agua hirviendo. Retirar del fuego y dejar enfriar. Mientras tanto, batir la nata hasta que esté firme. Batir el chocolate con la nata. Mezclar café y brandy o Amaretto. Sumerja un tercio de las galletas en la masa para humedecerlas y úselas para forrar un molde para pasteles de 23 cm de fondo suelto y forrado con papel de aluminio. Untar con la mitad de la mezcla de crema. Humedecemos y añadimos otra capa de bizcochos, luego el resto de la nata y por último el resto de bizcochos. Dejar enfriar bien antes de desmoldar para servir.

pastel de chocolate en capas

Hace un pastel de 20 cm/8 pulgadas

3 oz/75 g/¾ taza de chocolate amargo (semidulce).

¾ taza/6 onzas/175 g de mantequilla o margarina, ablandada

6 oz/175 g/¾ taza de azúcar en polvo (superfina)

3 huevos, ligeramente batidos

1¼ tazas/5 onzas/150 g de harina con levadura

1 oz/25 g/¼ taza de cacao (chocolate sin azúcar) en polvo

Para el glaseado (glaseado):

175 g/6 oz/1 taza de azúcar glas (glaseado)

2 oz/50 g/½ taza de cacao (chocolate sin azúcar) en polvo

¾ taza/6 onzas/175 g de mantequilla o margarina, ablandada

Chocolate rallado para decorar

Derrita el chocolate en un recipiente resistente al calor colocado sobre una cacerola con agua hirviendo. Dejar enfriar un poco. Batir la mantequilla o margarina y el azúcar hasta que esté suave y esponjosa. Batir poco a poco los huevos, luego incorporar la harina, el cacao y el chocolate derretido. Vierta la mezcla en un molde para pastel de 20 cm engrasado y forrado y hornee en un horno precalentado a 180°C / 350°F / marca de gas 4 durante 1 ¼ horas hasta que esté elástico al tacto. Dejar enfriar.

Para hacer el glaseado, combina el azúcar glas, el cacao y la mantequilla o margarina hasta obtener un glaseado untable. Cuando el pastel esté frío, córtalo horizontalmente en tercios y usa dos tercios del glaseado para pegar las tres capas. Untar encima el resto del glaseado, cortar un patrón con un tenedor y decorar con chocolate rallado.

pasteles de chocolate suave

Hace un pastel de 20 cm/8 pulgadas

1¾ tazas/7 onzas/200 g de harina común (para todo uso).

30 ml/2 cucharadas de cacao (chocolate sin azúcar) en polvo

5 ml/1 cucharadita de bicarbonato de sodio (bicarbonato de sodio)

5ml/1 cucharadita de levadura en polvo

5 oz/150 g/2/3 taza de azúcar en polvo (superfina).

30 ml/2 cucharadas de almíbar dorado (maíz claro)

2 huevos, ligeramente batidos

150 ml/¼ st/2/3 taza de aceite

150 ml/¼ pt/2/3 taza de leche

150 ml/¼ pt/2/3 taza de crema doble (espesa) o espesa, batida

Batir todos los ingredientes menos la nata hasta obtener una masa. Vierta en dos moldes para pastel de 8/20 cm untados con mantequilla y forrados y hornee en el horno precalentado a 160°C/325°F/nivel de gas 3 durante 35 minutos hasta que esté bien levantado y elástico al tacto. Dejar enfriar y luego hacer un sándwich junto con la nata montada.

pastel de moca

Rinde un pastel de 23 x 30 cm/9 x 12 pulgadas

450 g/1 libra/2 tazas de azúcar glas (superfina)

8 onzas/2 tazas/225 g de harina (para todo uso)

3 onzas/75 g/¾ taza de cacao (chocolate sin azúcar) en polvo

10 ml/2 cucharaditas de bicarbonato de sodio (bicarbonato de sodio)

5ml/1 cucharadita de levadura en polvo

una pizca de sal

120 ml/4 fl oz/½ taza de aceite

250 ml/8 fl oz/1 taza de café negro caliente

250 ml/8 fl oz/1 taza de leche

2 huevos, ligeramente batidos

Mezclar los ingredientes secos y hacer un hueco en el centro. Agrega los ingredientes restantes y mezcla hasta que los ingredientes secos se hayan absorbido. Vierta en un molde para pastel de 23 x 30 cm/9 x 12 pulgadas engrasado y forrado y hornee en un horno precalentado a 180°C/350°F/nivel de gas 4 durante 35-40 minutos hasta que se inserte un palillo en el centro. sale limpio.

Pastel de lodo

Hace un pastel de 20 cm/8 pulgadas

8 oz/225 g/2 tazas de chocolate amargo (semidulce).

8 oz/225 g/1 taza de mantequilla o margarina

8 onzas/225 g/1 taza de azúcar en polvo (superfina)

4 huevos, ligeramente batidos

15 ml/1 cucharada de harina de maíz (almidón de maíz)

Derrita el chocolate y la mantequilla o margarina en un recipiente resistente al calor colocado sobre una cacerola con agua hirviendo. Retire del fuego y agregue el azúcar hasta que se disuelva, luego agregue los huevos y la harina de maíz. Vierta en un molde para pasteles de 8 a 20 cm untado con mantequilla y forrado y coloque el molde en una bandeja para hornear que contenga suficiente agua caliente para llegar a la mitad de los lados del molde. Hornee en horno precalentado a 180 °C/350 °F/termostato de gas 4 durante 1 hora. Retirar del agua y dejar enfriar en el molde, luego enfriar hasta el momento de retirar y servir.

Pastel de barro Mississippi con base crujiente

Hace un pastel de 23 cm/9 pulgadas

3 onzas/75 g/¾ taza de pan de jengibre

3 onzas / 75 g / ¾ taza de migas de galleta digestiva (galletas Graham)

2 oz/50 g/¼ taza de mantequilla o margarina, derretida

300 g/11 onzas de malvaviscos

90 ml/6 cucharadas de leche

2,5ml/½ cucharadita de nuez moscada rallada

60 ml/4 cucharadas de ron o brandy

20ml/4 cucharaditas de café negro fuerte

450 g/l lb/4 tazas de chocolate amargo (semidulce).

450 ml/¾ pt/2 tazas de crema doble (espesa)

Mezclar las migas de galleta con la mantequilla derretida y presionar en el fondo de un molde para pasteles de fondo suelto de 23 cm engrasado. Frío.

Derretir los malvaviscos con la leche y la nuez moscada a fuego lento. Retirar del fuego y dejar enfriar. Mezclar ron o brandy y café. Mientras tanto, derrita tres cuartas partes del chocolate en un recipiente resistente al calor colocado sobre una cacerola con agua hirviendo. Retirar del fuego y dejar enfriar. Batir la nata hasta que esté firme. Incorpora el chocolate y la crema a la mezcla de malvaviscos. Vierta en la base y alise la parte superior. Cubrir con film transparente (film transparente) y colocar en el frigorífico durante 2 horas hasta que esté firme.

Derrita el chocolate restante en un recipiente resistente al calor colocado sobre una cacerola con agua hirviendo. Extienda el chocolate finamente sobre una bandeja para hornear (galleta) y enfríe hasta que solidifique. Pasa un cuchillo afilado por el chocolate para cortarlo en rizos y úsalo para decorar la parte superior del pastel.

Pastel De Chocolate Y Nueces

Hace un pastel de 20 cm/8 pulgadas

1½ tazas/6 onzas/175 g de almendras picadas

6 oz/175 g/¾ taza de azúcar en polvo (superfina)

4 huevos, separados

5 ml/1 cucharadita de esencia de vainilla (extracto)

1½ tazas/6 onzas/175 g de chocolate amargo (semidulce), rallado

15 ml/1 cucharada de nueces picadas

Mezclar las almendras molidas y el azúcar, luego agregar las yemas, la esencia de vainilla y el chocolate. Batir las claras a punto de nieve y luego incorporarlas a la mezcla de chocolate con una cuchara de metal. Vierta en un molde para bizcocho de 8/20 cm untado con mantequilla y forrado y espolvoree con nueces picadas. Hornee en horno precalentado a 190°C/375°F/nivel de gas 5 durante 25 minutos hasta que esté bien levantado y elástico al tacto.

Rico pastel de chocolate

Rinde un pastel de 900 g/2 lb

7 oz/200 g/1¾ taza de chocolate amargo (semidulce).

15 ml/1 cucharada de café negro fuerte

8 onzas/225 g/1 taza de mantequilla o margarina, ablandada

8 oz/225 g/1 taza de azúcar granulada

4 huevos

8 onzas/2 tazas/225 g de harina (para todo uso)

5ml/1 cucharadita de levadura en polvo

Derretir el chocolate con el café en un recipiente resistente al calor colocado sobre una cacerola con agua hirviendo. Mientras tanto, bata la mantequilla o margarina y el azúcar hasta que esté suave y esponjosa. Agrega poco a poco los huevos, batiendo bien después de cada adición. Agrega el chocolate derretido, luego agrega la harina y la levadura en polvo. Vierta la mezcla en un molde para pan de 900 g untado con mantequilla y forrado y hornee en el horno precalentado a 190 °C/nivel de gas 5 durante aproximadamente 1 hora hasta que al insertar un palillo en el centro, éste salga limpio. . Si es necesario, cubra la parte superior con papel de aluminio o papel encerado (engrasado) durante los últimos 10 minutos de cocción para evitar que se dore excesivamente.

Tarta de chocolate, nueces y cerezas

Hace un pastel de 20 cm/8 pulgadas

8 onzas/225 g/1 taza de mantequilla o margarina, ablandada

8 onzas/225 g/1 taza de azúcar en polvo (superfina)

4 huevos

Unas gotas de esencia de vainilla (extracto)

225 g/8 onzas/2 tazas de harina de centeno

8 oz/225 g/2 tazas de avellanas molidas

45 ml/3 cucharadas de cacao (chocolate sin azúcar) en polvo

10 ml/2 cucharaditas de canela molida

5ml/1 cucharadita de levadura en polvo

2 lb/900 g de cerezas deshuesadas (sin hueso)

Azúcar en polvo (glas) para espolvorear

Batir la mantequilla o margarina y el azúcar hasta que esté suave y esponjoso. Incorpora poco a poco los huevos, uno a la vez, y luego añade la esencia de vainilla. Mezcla la harina, las nueces, el cacao, la canela y el polvo para hornear, luego agrégalos a la mezcla y mezcla hasta que quede suave. Extienda la masa sobre una superficie ligeramente enharinada formando un círculo de 20 cm/8 pulgadas y presione suavemente sobre un molde para pasteles de fondo ancho engrasado (molde para hornear). Coloque las cerezas encima. Hornee en horno precalentado a 200°C/400°F/nivel de gas 6 durante 30 minutos hasta que esté elástico al tacto. Retirar de la sartén para que se enfríe y luego espolvorear con azúcar glas antes de servir.

Pastel de chocolate al ron

Hace un pastel de 20 cm/8 pulgadas

4 oz/100 g/1 taza de chocolate amargo (semidulce).

15 ml/1 cucharada de ron

3 huevos

100 g/4 oz/½ taza de azúcar glas (superfina)

¼ de taza/1 oz/25 g de harina de maíz (almidón de maíz)

2 oz/50 g/½ taza de harina con levadura

Derretir el chocolate con el ron en un recipiente resistente al calor colocado sobre una cacerola con agua hirviendo. Batir los huevos y el azúcar hasta que estén suaves y esponjosos, luego agregar la maicena y la harina. Agrega la mezcla de chocolate. Vierta en un molde para pastel de 20 cm/8 pulgadas engrasado y forrado y hornee en un horno precalentado a 190 °C/375 °F/nivel de gas 5 durante 10-15 minutos hasta que esté elástico al tacto.

sándwich de chocolate

Hace un pastel de 20 cm/8 pulgadas

1 taza/4 onzas/100 g de harina común (para todo uso).

10 ml/2 cucharaditas de levadura en polvo

Una pizca de bicarbonato de sodio (bicarbonato de sodio)

2 oz/50 g/½ taza de cacao (chocolate sin azúcar) en polvo

8 onzas/225 g/1 taza de azúcar en polvo (superfina)

120 ml/4 fl oz/½ taza de aceite de maíz

120 ml/4 fl oz/½ taza de leche

150 ml/¼ pt/2/3 taza de crema doble (espesa)

4 oz/100 g/1 taza de chocolate amargo (semidulce).

Mezclar la harina, la levadura en polvo, el bicarbonato y el cacao. Agrega el azúcar. Combine el aceite y la leche y mezcle con los ingredientes secos hasta que quede suave. Divida en dos bandejas para hornear (bandejas) de 8/20 cm untadas con mantequilla y forradas y hornee en un horno precalentado a 180°C/350°F/nivel de gas 3 durante 40 minutos hasta que esté elástico al tacto. Transfiera a una rejilla para que se enfríe.

Batir la nata hasta que esté firme. Reserva 30ml/2 cucharadas y utiliza el resto para hacer un sándwich de bizcocho. Derrita el chocolate y la nata reservada en un recipiente resistente al calor colocado sobre una cacerola con agua hirviendo. Untar sobre el bizcocho y dejar reposar.

Tarta de algarrobas y nueces

Hace un pastel de 18 cm/7 pulgadas

¾ taza/6 onzas/175 g de mantequilla o margarina, ablandada

100 g/4 oz/½ taza de azúcar moreno suave

4 huevos, separados

¾ de taza/3 onzas/75 g de harina común (para todo uso).

1 oz/25 g/¼ taza de algarroba en polvo

una pizca de sal

Ralladura fina y jugo de 1 naranja

Barras de algarroba de 175 g/6 oz

4 oz/100 g/1 taza de nueces mixtas picadas

Batir 100 g de mantequilla o margarina con el azúcar hasta que la mezcla esté suave y esponjosa. Añade poco a poco las yemas de huevo, luego añade la harina, la algarroba en polvo, la sal, la ralladura de naranja y 15 ml/1 cucharada de zumo de naranja. Vierta la mezcla en dos moldes para pastel de 7/18 cm untados con mantequilla y forrados y hornee en el horno precalentado a 180°C/350°F/nivel de gas 4 durante 20 minutos hasta que esté elástico al tacto. Retirar de los moldes y dejar enfriar.

Derrita la algarroba con el jugo de naranja restante en un recipiente resistente al calor colocado sobre una cacerola con agua hirviendo. Retire del fuego y agregue la mantequilla o margarina restante. Deje enfriar un poco, revolviendo ocasionalmente. Combine los pasteles enfriados con la mitad del glaseado y esparza el resto encima. Corta un diseño con un tenedor y espolvorea con nueces para decorar.

tronco de algarroba

Rinde un rollo de 20 cm/8 pulgadas

3 huevos grandes

100 g/4 oz/1/3 taza de miel ligera

¾ taza/3 onzas/75 g de harina integral (integral)

1 oz/25 g/¼ taza de algarroba en polvo

20 ml/4 cucharaditas de agua caliente

Para el relleno:

6 oz / 175 g / ¾ taza de queso crema

Unas gotas de esencia de vainilla (extracto)

5 ml/1 cucharadita de café en grano disuelto en un poco de agua caliente

30 ml/2 cucharadas de miel ligera

15 ml/1 cucharada de algarroba en polvo

Batir los huevos y la miel hasta que espese. Agrega la harina y la algarroba, luego el agua caliente. Vierta en un molde para panecillos suizos de 30 x 20 cm/12 x 8 untado con mantequilla y forrado y hornee en el horno precalentado a 220 °C/425 °F/nivel de gas 7 durante 15 minutos hasta que cuaje. el toque. Voltee un trozo de papel encerado (cera) y recorte los bordes. Enrollar por el lado corto, utilizando el papel, y dejar enfriar.

Para preparar el relleno, licua todos los ingredientes. Desenrolla el bizcocho y retira el papel. Extienda la mitad del relleno sobre el bizcocho, casi hasta los bordes, luego enrolle nuevamente. Extienda el relleno restante encima y marque un patrón de corteza con los dientes de un tenedor.

pastel de semillas de comino

Hace un pastel de 18 cm/7 pulgadas

8 onzas/225 g/1 taza de mantequilla o margarina, ablandada

8 onzas/225 g/1 taza de azúcar en polvo (superfina)

4 huevos, separados

8 oz/225 g/2 tazas de harina con levadura

1 oz/25 g/¼ taza de semillas de comino

2,5 ml/½ cucharadita de canela molida

2,5ml/½ cucharadita de nuez moscada rallada

Batir la mantequilla o margarina y el azúcar hasta que esté suave y esponjoso. Batir las yemas y agregarlas a la mezcla, luego agregar la harina, las semillas y las especias. Batir las claras a punto de nieve y luego incorporarlas a la mezcla. Vierta la mezcla en un molde para pastel de 18 cm/7 cm enmantecado y forrado y hornee en un horno precalentado a 180 °C/350 °F/termostato 4 durante 1 hora hasta que al insertar un palillo en el centro, éste salga limpio.

pastel de arroz con almendras

Hace un pastel de 20 cm/8 pulgadas

8 onzas/225 g/1 taza de mantequilla o margarina, ablandada

8 onzas/225 g/1 taza de azúcar en polvo (superfina)

3 huevos batidos

1 taza/4 onzas/100 g de harina común (para todo uso).

¾ taza/3 onzas/75 g de harina con levadura

¾ taza/3 onzas/75 g de arroz molido

2,5 ml/½ cucharadita de esencia de almendras (extracto)

Batir la mantequilla o margarina y el azúcar hasta que esté suave y esponjosa. Batir los huevos poco a poco. Agrega las harinas y el arroz molido y agrega la esencia de almendras. Vierta en un molde para pastel de 20 cm/8 cm untado con mantequilla y forrado y hornee en un horno precalentado a 150 °C/300 °F/termostato 2 durante 1 ¼ horas hasta que esté elástico al tacto. Deje enfriar en el molde durante 10 minutos antes de desmoldar sobre una rejilla para que termine de enfriarse.

pastel de cerveza

Hace un pastel de 20 cm/8 pulgadas

8 onzas/225 g/1 taza de mantequilla o margarina, ablandada

8 oz/225 g/1 taza de azúcar moreno suave

2 huevos, ligeramente batidos

12 oz/350 g/3 tazas de harina integral (integral)

10 ml/2 cucharaditas de levadura en polvo

5ml / 1 cucharadita de especias mixtas molidas (tarta de manzana)

150ml/¼ pt/2/3 tazas de cerveza negra

175 g/6 onzas/1 taza de grosellas

6 oz/175 g/1 taza de pasas pasas (pasas doradas)

50 g/2 oz/1/3 taza de pasas

4 oz/100 g/1 taza de nueces mixtas picadas

Ralladura de 1 naranja grande

Batir la mantequilla o margarina y el azúcar hasta que esté suave y esponjosa. Incorpora poco a poco los huevos, batiendo bien después de cada adición. Mezclar la harina, la levadura y las especias y agregar poco a poco la mezcla cremosa alternando con la cerveza negra, luego agregar la fruta, las nueces y la ralladura de naranja. Vierta en un molde para pastel de 20 cm engrasado y forrado y hornee en el horno precalentado a 150°C / 300°F / marca de gas 2 durante 2 ¼ horas hasta que al insertar un palillo en el centro, éste salga limpio. Deje enfriar en el molde durante 30 minutos, luego colóquelo sobre una rejilla para terminar de enfriar.

Tarta de cerveza y dátiles

Hace un pastel de 23 cm/9 pulgadas

8 onzas/225 g/1 taza de mantequilla o margarina, ablandada

1 libra/450 g/2 tazas de azúcar moreno suave

2 huevos, ligeramente batidos

450 g/1 lb/4 tazas de harina común (para todo uso).

175 g/6 onzas/1 taza de dátiles sin hueso (sin hueso), picados

4 oz/100 g/1 taza de nueces mixtas picadas

10 ml/2 cucharaditas de bicarbonato de sodio (bicarbonato de sodio)

5 ml/1 cucharadita de canela molida

5ml / 1 cucharadita de especias mixtas molidas (tarta de manzana)

2,5ml/½ cucharadita de sal

500 ml/17 fl oz/2¼ tazas de cerveza o lager

Batir la mantequilla o margarina y el azúcar hasta que esté suave y esponjosa. Bate poco a poco los huevos, luego agrega los ingredientes secos alternando con la cerveza hasta obtener una mezcla suave. Vierta en un molde para pastel de 23 cm/9 cm untado con mantequilla y forrado y hornee en un horno precalentado a 180 °C/350 °F/termostato 4 durante 1 hora hasta que al insertar un palillo en el centro, éste salga limpio. Deje enfriar en el molde durante 10 minutos, luego colóquelo sobre una rejilla para terminar de enfriar.

pastel de Battenburg

Hace un pastel de 18 cm/7 pulgadas

¾ taza/6 onzas/175 g de mantequilla o margarina, ablandada

6 oz/175 g/¾ taza de azúcar en polvo (superfina)

3 huevos, ligeramente batidos

8 oz/225 g/2 tazas de harina con levadura

Unas gotas de esencia de vainilla (extracto)

Unas gotas de esencia (extracto) de frambuesa Para el glaseado:

15 ml/1 cucharada de mermelada de frambuesa (en conserva), tamizada (colada)

8 oz/225 g de pasta de almendras

Unas cerezas glaseadas (confitadas).

Batir la mantequilla o margarina y el azúcar. Batir poco a poco los huevos, luego agregar la harina y la esencia de vainilla. Divide la mezcla por la mitad y mezcla la esencia de frambuesa en la mitad. Unte con mantequilla y forre un molde para pastel cuadrado de 18 cm y divídalo por la mitad doblando el papel vegetal (grasiento) en el centro del molde. Vierta cada mezcla en la mitad del molde y cocine en el horno precalentado a 180°C/350°F/nivel de gas 4 durante unos 50 minutos hasta que esté elástico al tacto. Dejar enfriar sobre una rejilla.

Recorta los bordes del bizcocho y corta cada trozo por la mitad a lo largo. Haga un sándwich con una rodaja de rosa y una de vainilla en la parte inferior y una rodaja de vainilla y una rosa en la parte superior, usando un poco de mermelada para unirlas. Cepille el exterior del pastel con la mermelada restante. Extienda el mazapán hasta formar un rectángulo de aproximadamente 18 x 38 cm/7 x 15 pulgadas. Presione alrededor del exterior del pastel y recorte los bordes. Decora la parte superior con cerezas glaseadas.

pastel de budín de pan

Hace un pastel de 23 cm/9 pulgadas

8 oz/225 g/8 rebanadas gruesas de pan

300 ml/½ pt/1¼ tazas de leche

12 oz/350 g/2 tazas de mezcla de frutos secos (mezcla para pastel de frutas)

¼ de taza/2 onzas/50 g de ralladura mixta picada (confitada).

1 manzana, pelada, sin corazón y rallada

45 ml/3 cucharadas de azúcar moreno blando

30ml/2 cucharadas de mermelada

45ml/3 cucharadas de harina con levadura

2 huevos, ligeramente batidos

5 ml/1 cucharadita de jugo de limón

10 ml/2 cucharaditas de canela molida

100 g/4 oz/½ taza de mantequilla o margarina, derretida

Remojar el pan en leche hasta que quede muy suave. Mezcle todos los demás ingredientes excepto la mantequilla o la margarina. Añade la mitad de la mantequilla o margarina, luego vierte la mezcla en un molde para pastel cuadrado untado con mantequilla de 9/23 cm y vierte el resto de la mantequilla o margarina. Cocine en el horno precalentado a 150 °C/300 °F/nivel de gas 3 durante

1,5 horas, luego aumente la temperatura del horno a 180 °C/350 °F/nivel de gas 4 y cocine por 30 minutos más. Dejar enfriar en el molde.

pastel de suero de leche inglés

Hace un pastel de 20 cm/8 pulgadas

3 oz/75 g/1/3 taza de mantequilla o margarina

3 oz/75 g/1/3 taza de manteca vegetal (manteca vegetal)

450 g/l lb/4 tazas de harina común (para todo uso)

100 g/4 oz/½ taza de azúcar glas (superfina)

6 oz/175 g/1 taza de ralladura mixta picada (confitada).

100 g/4 oz/2/3 tazas de pasas

30ml/2 cucharadas de mermelada

250 ml/8 fl oz/1 taza de suero de leche o leche agria

5 ml/1 cucharadita de bicarbonato de sodio (bicarbonato de sodio)

Frote la mantequilla o margarina y la manteca de cerdo con la harina hasta que la mezcla parezca pan rallado. Agrega la harina, el azúcar, la ralladura mixta y las pasas. Calienta un poco la mermelada para que se mezcle fácilmente con la leche, luego agrega el bicarbonato de sodio y mezcla con la mezcla para pastel hasta formar una masa suave. Vierta en un molde para pastel de 20 cm engrasado y forrado y hornee en el horno precalentado a 160°C/325°F/termostato 3 durante 1 hora. Reduzca la temperatura del horno a 150°C/300°F/nivel de gas 2 y hornee por 45 minutos más hasta que esté dorado y elástico al tacto. Deje enfriar en el molde durante 10 minutos antes de desmoldar sobre una rejilla para que termine de enfriarse.

www.ingramcontent.com/pod-product-compliance
Lightning Source LLC
Chambersburg PA
CBHW070402120526
44590CB00014B/1215